应用型本科院校“十三五”规划教材/经济管理类

Training Course of Cross-Border E-Commerce—AliExpress

跨境电子商务实操教程

——全球速卖通平台

主　编　刘世鹏

哈爾濱工業大學出版社
HARBIN INSTITUTE OF TECHNOLOGY PRESS

内容简介

跨境电商出口面对的是全球消费者，因此对卖家的综合素质有一定的要求：熟悉平台的规则，了解跨境物流，能够与客户进行交流和沟通。鉴于此，本书分9个实验项目将速卖通平台介绍给广大创业者，为大学生提供创业机会。本书以速卖通店铺为素材，介绍了平台的规则、开店的流程、店铺后台各按钮的功能、如何选品及上传商品、如何设置运费模板、如何进行店铺装修和参加店铺的活动、如何与客户交流以及如何收回货款。本书图文并茂，通俗易懂，便于学习和操作。

本书可作为本、专科层次的学校开设相关创业课程的教材，也可为广大读者提供创业参考。

图书在版编目(CIP)数据

跨境电子商务实操教程：全球速卖通平台/刘世鹏主编. —哈尔滨：哈尔滨工业大学出版社，2016.7(2017.8重印)
应用型本科院校"十三五"规划教材
ISBN 978-7-5603-6114-7

Ⅰ.①跨… Ⅱ.①刘… Ⅲ.①电子商务-高等学校-教材 Ⅳ.①F713.36

中国版本图书馆CIP数据核字(2016)第157973号

策划编辑 杜 燕
责任编辑 范业婷
出版发行 哈尔滨市工大节能印刷厂
社 址 哈尔滨市南岗区复华四道街10号 邮编 150006
传 真 0451-86414749
网 址 http://hitpress.hit.edu.cn
印 刷 黑龙江艺德印刷有限责任公司
开 本 787mm×960mm 1/16 印张 10 字数 212千字
版 次 2016年7月第1版 2017年8月第2次印刷
书 号 ISBN 978-7-5603-6114-7
定 价 24.00元

序

哈尔滨工业大学出版社策划的《应用型本科院校“十三五”规划教材》即将付梓,诚可贺也。

该系列教材卷帙浩繁,凡百余种,涉及众多学科门类,定位准确,内容新颖,体系完整,实用性强,突出实践能力培养。不仅便于教师教学和学生学习,而且满足就业市场对应用型人才的迫切需求。

应用型本科院校的人才培养目标是面对现代社会生产、建设、管理、服务等一线岗位,培养能直接从事实际工作、解决具体问题、维持工作有效运行的高等应用型人才。应用型本科与研究型本科和高职高专院校在人才培养上有着明显的区别,其培养的人才特征是:①就业导向与社会需求高度吻合;②扎实的理论基础和过硬的实践能力紧密结合;③具备良好的人文素质和科学技术素质;④富于面对职业应用的创新精神。因此,应用型本科院校只有着力培养“进入角色快、业务水平高、动手能力强、综合素质好”的人才,才能在激烈的就业市场竞争中站稳脚跟。

目前国内应用型本科院校所采用的教材往往只是对理论性较强的本科院校教材的简单删减,针对性、应用性不够突出,因材施教的目的难以达到。因此亟须既有一定的理论深度又注重实践能力培养的系列教材,以满足应用型本科院校教学目标、培养方向和办学特色的需要。

哈尔滨工业大学出版社出版的《应用型本科院校“十三五”规划教材》,在选题设计思路上认真贯彻教育部关于培养适应地方、区域经济和社会发展需要的“本科应用型高级专门人才”精神,根据黑龙江省委书记吉炳轩同志提出的关于加强应用型本科院校建设的意见,在应用型本科试点院校成功经验总结的基础上,特邀请黑龙江省9所知名的应用型本科院校的专家、学者联合编写。

本系列教材突出与办学定位、教学目标的一致性和适应性,既严格遵照学科体系的知识构成和教材编写的一般规律，又针对应用型本科人才培养目标及与之相适应的教学特点，精心设计写作体例，科学安排知识内容，围绕应用讲授理论，做到“基础知识够用、实践技能实用、专业理论管用”。同时注意适当融入新理论、新技术、新工艺、新成果，并且制作了与本书配套的PPT多媒体教学课件，形成立体化教材，供教师参考使用。

《应用型本科院校“十三五”规划教材》的编辑出版，是适应“科教兴国”战略对复合型、应用型人才的需求，是推动相对滞后的应用型本科院校教材建设的一种有益尝试，在应用型创新人才培养方面是一件具有开创意义的工作，为应用型人才的培养提供了及时、可靠、坚实的保证。

希望本系列教材在使用过程中，通过编者、作者和读者的共同努力，厚积薄发、推陈出新、细上加细、精益求精，不断丰富、不断完善、不断创新，力争成为同类教材中的精品。

前　言

随着全球电子商务的普及和网上购物带给人们的便利，跨境电子商务在全球外贸发展中的地位不断提升，发挥的作用越来越大，已成为我国对外贸易发展的一种新形式。跨境电子商务近年来以30%的增长速度迅速发展，不仅冲破了国家间的障碍，使国际贸易走向无国界贸易，同时它也正在引起世界经济贸易的巨大变革。跨境电子商务构建的开放、多维、立体的多边经贸合作模式，极大地拓宽了我国进入国际市场的路径，大大促进了多边资源的优化配置与企业间的互利共赢。在未来几年，我国在跨境电子商务时代会成为全球贸易的中心。

跨境电子商务最大的交易平台——速卖通平台的后台使用中文操作，交易规则简单易懂，操作容易，开店的流程相对简单，入门门槛相对较低，进货渠道多，能迅速取得较好的创业效果，有助于提升学生的就业能力和创业的能力。

本书包括9个实验项目，实验项目1属于基础知识部分，主要是介绍跨境电子商务的基础知识和主要的电子商务平台。实验项目2~9属于店铺开通与运营部分，主要介绍开店的步骤、平台的规则、选品的方法、上传产品的步骤、运费模板的设置、店铺的装修、平台的活动、客服与支付。通过9个实验项目的学习，学生可以顺利开店并能运营店铺。

本书编写过程中着重实用性、简化性和创新性。

(1)实用性。本书主要以提升大学生创业能力为主，以学生能够开通并运营店铺为主要目的，突出实用性。本书不仅能为大学创业课程的开设提供素材，也可为大学生创业提供前期的基础培训教材。

(2)简化性。本书以作者研究小组的店铺为蓝本，按照开店流程和店铺运营步骤，运用图片加文字进行说明，图文并茂，操作简单。

(3)创新性。本书的主要内容来源于真实的速卖通店铺，书中内容紧跟平台政策变化，保证学生掌握最前沿的知识和技能。本书放弃传统教材“章、节、目”的结构，以实验项目模块的形式，按照流程介绍，利于学生掌握。

本书大纲的制订由黑龙江财经学院刘世鹏老师完成。本书共分为 9 个实验项目，实验项目 1 由黑龙江财经学院黄秀梅老师完成，实验项目 2 至实验项目 8 由黑龙江财经学院刘世鹏老师完成，实验项目 9 由黑龙江财经学院杨莹老师完成，整本书撰写过程中得到了刘世鹏老师的跨境电商项目小组成员的大力协助（项目组成员包括老师和学生，学生主要有黑龙江财经学院国际经济与贸易专业本科 2012 级王伟忠同学、王晓煜同学、2013 级张欣雨同学、黄文轩同学、高宏宇同学，黑龙江科技大学 2012 级金融学专业董宣同学），项目组成员正进行着跨境电商运营实践，为本教材提高图片素材和技术指导。本教材亦为省教育厅规划课题的研究成果，课题名称为“跨境电商创业实践融入人才培养全过程研究”，课题编号为 GJC1316176。黑龙江财经学院于长福副院长和庹莉处长在本书编写过程中多次给予指导和修订意见。

本书在编写过程中参考并引用了相关的文献资料，在此向文献资料的作者深表谢意。由于作者水平有限，书中的不足及疏漏之处恳请各位专家及读者批评指正，以便今后修改和完善。

编　者

2016 年 4 月

目　录

实验项目1

Chapter 1

跨境电子商务介绍

实验目的：了解跨境电子商务的含义和发展现状，初步认识跨境电子商务。
实验任务：浏览速卖通、亚马逊、敦煌、eBay、Wish电商平台官网。

1.1 跨境电子商务概述

1.1.1 跨境电子商务含义

跨境电子商务(简称电商)是指分属不同关境的交易主体，通过电子商务平台达成交易、进行支付结算，并通过跨境物流送达商品、完成交易的一种国际商业活动，基本等同于外贸电商。

对于消费者来说，跨境电子商务使他们非常容易地在网络平台上买到物美价廉的商品；对于企业来说，跨境电子商务构建的开放、多维、立体的多边经贸合作模式，极大地拓宽了进入国际市场的路径，使他们非常容易地在网络平台上将产品无障碍地销售到全球各地，大大促进了多边资源的优化配置与企业间的互利共赢。跨境电子商务作为推动全球经济一体化、贸易全球化的技术基础，具有非常重要的战略意义。跨境电子商务不仅冲破了国家间的障碍，使国际贸易走向无国界贸易，同时它也正在引起世界经济贸易的巨大变革。

1.1.2 跨境电子商务特点

1. 全球化

跨境电商的发展借助网络进行，网络是没有边界的媒体媒介，具有全球性的特征，跨境电商借助网络的无边界交易，不受地域的限制，互联网用户不需要考虑跨越国界就可以把产品尤其是高附加值的产品和服务提交到市场，面向全球用户销售，具有全球性的特征。全球性的特征最大的优势是扩大销售范围，市场信息全球共享，任何人只要具备了一定的技术手段，在任何时候、任何地方都可以让信息进入网络，相互联系进行交易，使得贸易更容易。相反，其缺点也显而易见，世界各国存在着政治、文化和法律的不同，卖家和消费者都面临着因政治、文化和法律的不同而产生的交易风险;另外,这种全球性的互联网交易给政府的税收造成了一些困难。

2. 无纸化

跨境电商的一切交易都是利用互联网完成的,电子计算机通信记录取代了一系列的纸质交易文件。数据、声音和图像在全球化网络环境中以计算机数据代码的形式进行传输,整个过程瞬间完成,因此无纸化成为跨境电商的一个显著特点。自 20 世纪 70 年代以来世界步入信息化时代。因此跨境电子商务是以 EDI 为核心技术完成的交易。通过互联网指定网站进行信息的输入和导出,并不需要工作人员去相关的单位得到纸质的印章。这一特点更加便利快捷、节约时间,并且信息的准确率也大大提高。无纸化带来的积极影响是使信息传递摆脱了纸张的限制,但由于传统法律的许多规范是以规范"有纸交易"为出发点的,因此,无纸化带来了一定程度上法律的混乱。削弱了税务当局获取跨国纳税人经营状况和财务信息的能力,且电商所采用的其他保密措施也将增加税务机关掌握纳税人财务信息的难度。例如,世界各国普遍开征的传统税种之一的印花税,其课税对象是交易各方提供的书面凭证,如使用汇票结算时对汇票征收印花税,而在网络交易无纸化的情况下,货款通过国际支付宝等电子方式结算,印花税无法征收。

3. 便利化

对于网络而言,传输的速度和地理距离无关。无论实际时空距离远近,一方发送信息与另一方接收信息几乎是同时的,就如同生活中面对面交谈,无须中间商环节就可实现卖家到最终消费者的买卖达成。只要通过浏览交易平台并查找到自己想获得的商品就可以在网上交易,无须进行询盘、发盘、还盘和接受等复杂过程。不再是卖家像大海捞针般地寻求客户,而是客户按照需求寻找卖家,从而实现了贸易的便利化。

4. 透明化

由于交易的数据全部呈现在互联网端,因此进出口商只要登录所授权限的网站就可以查到自己想要的信息。信息全部透明化,因此,进口商可以查找到自己产品的物流信息以及产品质量分析的评估,通过其他买家的评论获得相应的知识和信息。卖家也可以对买家的信用进行评估,从而降低了信用不足的风险。显而易见,信息透明化是跨境电商的一项显著而不可或缺的特点。

5. 多边性

传统的贸易模式中主要涉及两个国家之间的双边贸易,而跨境电子商务使交易过程中的信息流、物流、资金流等由传统的双边模式逐渐向多边模式演进,以新型的网状结构替代传统双边贸易的线状结构。跨境电商可以通过甲国的交易平台、乙国的物流运输平台以及丙国的支付平台,实现其他国家间的直接贸易。

6. 时效性

传统交易模式下,信息的发送、接收与交流方式均受到地理位置和通信技术的限制,二者间存在着一定的时间差。而对于跨国贸易来说,及时性至关重要,稍微错过时机货币汇率就会发生变化,给交易带来巨大的损失。如今这种时间差带来的滞后性被电子商务完美地解决了。跨境电子商务打破时空和距离的束缚,将信息迅速地从一方传递到另一方,几乎在一方发送完成之后另一方在同时就能收获到信息,而某些数字化产品的交易更是可以即时完成。加之跨境电商去除了两国批发商,代理商以及零售商的中介环节,实现了直接由一国生产商通过跨境电商平台到达另一国消费者的直接交易,减少了烦琐的贸易手续,更具时效性。

1.1.3　跨境电商的分类

1. 按进出口货物流向划分

同传统贸易一样,跨境电商按进出口货物流向划分为出口跨境电商和进口跨境电商,目前中国的跨境电子商务主要以出口为主。出口跨境电商是指国内生产厂商或企业通过跨境电商平台,将国内的产品卖给国际市场的买家,出口跨境电商是在互联网时代企业对外出口的一种新模式,出口跨境电商平台主要有亚马逊、阿里巴巴国际站、全球速卖通、敦煌网等。进口跨境电商是指国内消费者或企业通过跨境电商平台购入海外商品,实现跨国商品和服务交易的过程,进口跨境电商平台主要有天猫国际、聚美优品等。

2. 按交易模式划分

按照跨境电商主体交易模式划分为 B2B 模式、B2C 模式和 C2C 模式。

B2B 是英文 Business - to - Business 的缩写,即商业对商业,或者说是企业间电子商务营销关系,即企业与企业之间通过互联网进行产品、服务及信息的交换。代表网站有阿里巴巴、世界工厂网和中国制造网。其中,阿里巴巴是中国最大的 B2B 跨境电子商务网站,是目前中小企业首选的创业 B2B 平台。世界工厂网作为一个老牌的 B2B 电子商务网站,其经营模式与阿里巴巴有所不同,该网站用户以免费会员为主,网站依靠广告收入盈利。但联盟广告的过多投入,也造成了用户体验的下降。B2C 是 Business - to - Customer 的缩写,该模式下零售商通过互联网直接在线向消费者销售产品和服务。

B2C 的核心在于零售商将为消费者搭建一个新型的购物环境 - 网上商店,以及一整套的网上交易系统。典型代表平台有:亚马逊、全球速卖通、兰亭集势、大龙网、米兰网、帝科思等。

C2C 是 Customer - to - Customer 的缩写,即个人与个人的电子商务活动,C2C 主要是指消费者与消费者直接沟通达成交易的买卖形式,在该模式下网站平台仅是一个第三方独立的销售平台,买卖双方通过平台提供的商品信息下单成交,它的批量比较小,但是贸易的频率比较高,多属于直接面向消费者的情况,订单比较分散,由快递公司或邮局间接负责货物的报关程序,网站并不参与到货物物流及货款的支付环节,其赚取利润的方式主要是通过在成交价格基础上按一定比例抽取佣金,此外,广告费和会员费也是平台利润的来源之一。典型代表平台有敦煌网、E - bay、WISH 等。

1.1.4　跨境电子商务与传统外贸的比较

跨境电商具有不同于传统贸易方式的诸多特点,传统贸易模式已呈现出天花板效应,其高速增长的动力因素也逐步褪去,而跨境电商作为新的贸易形态相比传统贸易,正呈现高速增长的态势,年增长幅度均超过30%。近年来,跨境电商的迅速发展在国际贸易领域引发了一系列变革,跨境电商贸易模式与传统贸易模式相比,在业务模式、交易环节、订单类型、支付手段和争端处理等方面存在着较大差别,体现在以下几个方面:

第一,从业务模式看,传统的国际贸易模式主要通过询盘、发盘、还盘、接受等程序进行交易磋商、订立并履行合同。每笔交易从谈判开始到制单结汇所要耗费的时间较长,而且包含了很多不确定因素。跨境电商下贸易模式主要通过电商网络平台进行自动处理,通过网络平台可以完成从订单到支付的全过程,提高了工作效率,缩短了贸易周期,加快了贸易进程。

第二,从交易环节看,传统的国际贸易模式交易环节复杂,涉及的中间环节较多,以CIF贸易术语下的出口合同为例,出口商需要申领出口许可证,办理报检、租船订舱与保险、出口报关等业务。而在跨境电商贸易模式下,出口商在接受国外客户的订单后,如果通过国际快递、国际邮政等方式完成货物的转移,可以直接将上述中间环节的业务交由第三方的物流公司完成,对出口商来说,节省了大量时间。

第三,从支付手段和争端处理来看,传统的国际贸易模式下,进出口商之间的支付基本在线下完成,可以以进出口地的银行为媒介,通过汇付、托收、信用证等方式完成支付。经过多年的发展,已经具有标准的结算流程,安全性也有很大程度上的保障,但是银行手续较烦琐,收费相对较高。如果双方发生争议,可以通过仲裁、法律诉讼等方式进行争端解决。而在跨境电商贸易模式下,进出口商倾向于选择由第三方支付机构平台完成支付,手续简单,但使用第三方支付平台的费率较高、资金周转较慢。如果双方发生争议,一般要通过平台解决,争端处理的程序较复杂,所需的时间较长。

第四,从物流的要求看,传统的国际贸易模式下,货物的运输以集装箱海运为主,物流成本较低,对价格的影响不大。而在跨境电商贸易模式下,货物的运输主要通过国际邮政、国际快递等航空运输为主,运输成本较高,因此,在交易中,出口商重视物流成本的影响。

第五,从结汇方式看,传统的国际贸易模式下,出口商收到货款后,要到外汇管理局核销,到国税局办理出口退税,享受国家的出口退税等鼓励出口的优惠政策;而在跨境电商贸易模式下,国外客户付款后,由第三方支付平台或商业银行为国内商家收取外币并代理结汇。由于我国缺乏一套与跨境电商发展相互适应的结汇体系,跨境电商出口商品无法享受优惠的退税和结汇政策。

传统贸易模式与跨境电子商务贸易模式对比见表1.1。跨境电商贸易在交易环节、订单类型、规模和速度、价格与利润及企业规模有着传统贸易无法比拟的优势。在传统贸易受金融危机影响后持续低迷和国家大力提倡发展电商的良好背景下,跨境电商这一新兴贸易模式将有助于改变我国粗放型出口的现状,稳定货物贸易总值,做大做强服务贸易,在促进对外贸易转型升级方面具有重要意义,也是推动我国从贸易大国走向贸易强国、从加工制造大国转向加工强国甚至于销售强国的一条可行途径。

表 1.1　传统贸易模式与跨境电子商务贸易模式对比

类型	传统贸易模式	跨境电商贸易模式
业务模式	基于传统商务合同	基于互联网电子商务平台数字化业务
交易环节	烦琐复杂,涉及中间商多	简单轻便,涉及中间商少
订单类型	数量大,订单少且集中,周期略长	数量少,订单多且分散,周期略短
规模和速度	市场规模巨大,但容易受地域贸易保护限制,增加速度已经放缓	市场规模潜力巨大,不受地域贸易保护限制,呈现高速增长的态势
价格与利润	价格高,利润率低	价格低,利润率高
支付手段和争端处理	通过正常贸易支付,具备健全的争端处理机制	通过第三方支付,争端处理繁杂且效率低下
对物流要求	以集装箱海运为主,物流因素对交易主体影响小	以邮政物流为主,以航空小包的形式完成,物流因素对交易主体影响大
结汇方式	依据传统国际贸易程序,享受优惠政策通关、结汇和退税	灰色通关或以邮寄方法通关,通过效率低下,无法享受优惠的退税和结汇政策
企业规模	规模大,企业受资金约束程度较高	规模小,企业受资金约束程度低

1.2　跨境电子商务发展现状

1.2.1　跨境电子商务发展背景

跨境电商的雏形源于海淘、个人海外代购等模式,2007 年之前,随着留学生群体的剧增,以留学生为代表的第一批个人海外代购兴起,这个阶段主要表现为熟人推荐的海外个人代购模式。2007 年淘宝上线“全球购”,随后一些专注于代购的网站不断涌现,海外代购行业发展壮大,特别是 2008 年席卷全国的奶制品污染事件进一步刺激了海外代购和转运服务的发展,海淘的品类也从母婴商品扩展到保健品、电子产品、服装鞋帽、化妆品、奢侈品等。2010 年 9 月,我国调整进出境个人邮递物品管理政策,缩紧海淘与代购市场,海淘与代购的成本和风险剧增。随后,我国启动了跨境电商服务试点城市,跨境电商发展进入快车道。自 2014 年 7 月起,包括海关总署《关于跨境贸易电子商务进出境货物、物品有关监管事宜的公告》《关于增列海关监管方式代码的公告》(即 56 号、57 号公告)在内,各类利好政策不断出台,涉及海关、商检、物流、支付等环节,刺激了跨境电商的发展,至此跨境电商企业不断涌现,也逐渐步入了正常发展的轨道,2014 年被称为跨境电商元年。

2015 年 6 月 20 日,国务院办公厅印发《关于促进跨境电子商务健康快速发展的指导意见》(以下简称《意见》),这是新形势下,促进跨境电子商务加快发展的指导性文件。《意见》指出,近年来我国跨境电子商务快速发展,已经形成了一定的产业集群和交易规模。支持跨境电子商务发展,有利于用"互联网+外贸"实现优进优出,发挥我国制造业大国优势,扩大海外营销渠道;有利于增加就业,推进大众创业、万众创新,打造新的经济增长点;有利于加快实施共建"一带一路"等国家战略,推动开放型经济发展升级。针对制约跨境电子商务发展的问题,有必要加快建立适应其特点的政策体系和监管体系,营造更加便利的发展环境,促进跨境电子商务健康快速发展。跨境电商近几年以惊人的速度蓬勃发展,并成为我国经济的新型增长点。

1.2.2 跨境电子商务交易规模分析

自2008年以来,跨境电商的交易规模逐年扩大。从2008年到2016年9年间,跨境电商交易规模由0.8万亿元增长到5.85万亿元,增长了6.3倍,年平均增速超过20%。2016年,我国跨境贸易交易额为5.85万亿元人民币,同比增长28.2%,详见图1.1。虽然自2010年以后,跨境电商交易规模的增长率总体呈下降趋势,但均实现了超过20%以上的增长率。据艾瑞咨询、中投顾问等第三方机构报告认为,2017年我国跨境电商交易规模将突破7万亿元,2018年达到8.8万亿元,2020年则有望达到12万亿元。这意味着未来几年,我国跨境电商交易规模将保持在年均20%左右的高增长水平。跨境电商进出口规模不断扩大,占我国进出口总规模的比例也在不断上升,2008年,跨境电商交易规模占我国当年进出口总额的比重不足5%,到2016年,比重增至接近20%,其增长速度远远高于同期我国外贸的增长速度。跨境电商这种新型的贸易模式在我国进出口贸易中发挥着越来越重要的作用。

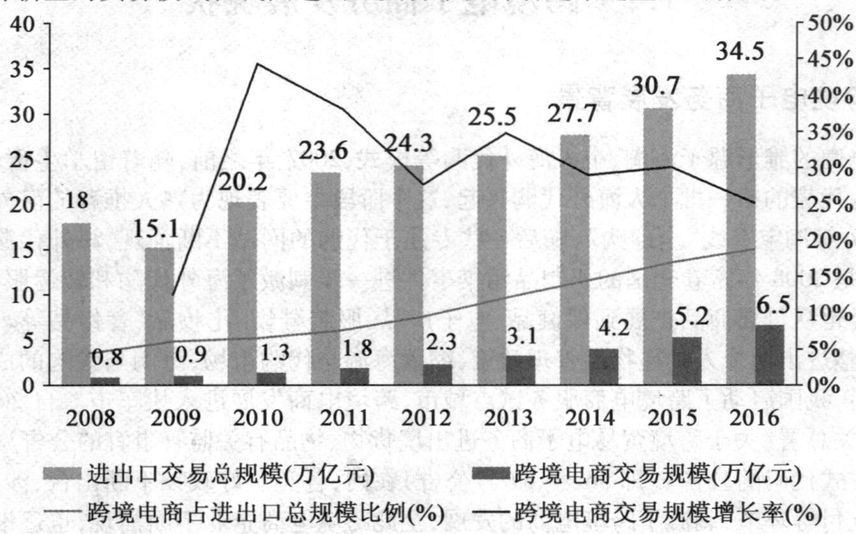

图1.1 中国进出口贸易及跨境电商交易总额图

1.2.3　跨境电子商务发展优势分析

1. 政策支持

2015 年6 月20 日，国务院下发《关于促进跨境电子商务健康快速发展的指导意见》，强调通过"互联网+外贸"发挥我国制造业大国优势，实现优进优出，促进企业和外贸转型升级。跨境电商的发展不仅可以推动开放型经济的转型升级，打造新的经济增长点，而且对于消费者来说也提供了更多选择，是"一箭多雕"之举。2015 年9 月24 日，国务院总理李克强视察河南保税物流中心，参观了其中心的中国对俄电商物流第一品牌——俄速通。李克强强调，国家在税收等方面给跨境电商提供了很多优惠政策，并激励俄速通人在国家"一带一路"政策的指引下，在互联网+模式的驱动下，将俄速通打造成为对俄跨境电商全供应链服务第一品牌，这无疑为跨境电商企业的发展注入了一剂强心针。

2016 年1 月，国务院下发《关于同意在天津等12 个城市设立跨境电子商务综合试验区的批复》，同意在天津市、上海市、重庆市、合肥市、郑州市、广州市、成都市、大连市、宁波市、青岛市、深圳市、苏州市设立跨境电子商务综合试验区，跨境电子商务综合试验区的设立将进一步推动我国跨境电商的快速发展。未来有望将有更多有利于出口跨境电商的政策出台，出口电商将继续其快速发展的势头。

2. 具有优质货源基地

至2013 年，中国已然成为全球最大的电商市场，也是世界第三大的跨境网购市场，显示出中国正在由"世界工厂"向"世界商店"转变。中国有着优质的货源基地，尤其是服装、箱包、鞋、玩具、小工艺品、3C 产品等，这些产品虽然品牌知名度不高，但是拥有自主的知识产权，产品质量好，为跨境电商卖家出口提供了优质的货源。义乌是我国小商品的生产地和集散地，义乌市场一直是国内淘宝卖家的采货基地。目前，基于丰富的货源优势，义乌正在建设全球最大的电子商务之城，占地666 亩，地上建筑面积约为110.8 万平方米，地下建筑面积约为49.1 万平方米，预打造成为全球电子商务平台企业、电子商务企业及电子商务产业链上下游服务企业的集聚地，为实现专业化网络分工提供条件，并由此形成的专业化经济、分工经济、规模经济、多样化经济及协同化经济对跨境电子商务的发展和演进发挥了无可替代的作用。

3. 拥有广阔的出口市场

跨境电商的出口市场主要为美国和欧洲市场，近几年巴西、阿根廷、俄罗斯以及东南亚地区等市场比较活跃。以全球速卖通平台为例，目前，全球速卖通平台出口的主要市场为俄罗斯、美国和巴西，速卖通平台与其他出口平台相比，最大的优势是价格低，随着速卖通知名度的提升，出口市场越来越多。2013 年 PayPal 公司对美国、英国、德国、澳大利亚和巴西这五个跨境电子商务市场国家消费者进行了抽样调查，调查发现这五个世界上主要的跨境电子商务市场在2013 年对中国商品有超过600 亿美元的网购需求，并且需求还在不断增长，预计到

2018 年年末,这五个国家对中国商品的网购需求将超过 1 400 亿美元。在这庞大的数字背后是世界各国对中国产品的巨大需求。目前,中国已经成为全世界最大的电子商务市场,并且中国跨境网购的规模也逐年增加。一方面,中国的产品性价比高,各国市场对中国的产品青睐有加;另一方面,跨境电商订单小批量、高频次、直接化的特点正迎合了中国海量中小型企业的诉求,中国大量的中小企业可以借助跨境电商平台为国际市场提供源源不断的货源,来满足国际市场对于中国产品的需求。阿里巴巴根据我国广大中小型出口企业的特点,适时地推出了全球速卖通平台,我国中小型出口企业通过速卖通的平台将商品销到世界各地,大大提高了我国出口企业的出口效率。中国内有优质的货源基地,外有广阔的销售市场,这为跨境电商的发展提供了充分的便利条件。

4. 基础设施建设的推进

在"一带一路"背景下,中国开展亚洲公路网、泛亚铁路网规划和建设,与东北亚、中亚、南亚及东南亚国家开通公路通路 13 条,铁路 8 条。此外,油气管道、跨界桥梁、输电线路、光缆传输系统等基础设施建设取得成果。目前,"龙江丝路带"建设规划内容已纳入国家"一带一路"战略规划中的中蒙俄经济走廊部分,以铁路货运班列为主的跨境物流大通道初步形成。2016 年 11 月,中国经营的巴基斯坦南部的瓜达尔港正式投入使用,2016 年 11 月 12 日,由 60 多辆货车组成的中巴经济走廊联合贸易车队经过 15 天的行程,跨越 3 115 千米,从中国新疆的喀什市穿过巴基斯坦全境到达瓜达尔港,这批货物在瓜达尔港装船后出口至包括中东和非洲在内的海外市场,这条通道的开通货物由内陆运往中东和非洲市场与以往海运相比缩短了 85% 的运输里程。这些基础设施的建设,将有助于我国跨境电商产品的出口运输,解决跨境物流的瓶颈问题。

1.2.4 跨境电子商务发展问题分析

1. 费用高、到货时间长

跨境电商不同于传统外贸,运输的货物数量少、体积小,通关麻烦,走海运的运输时间长,走空运的运费昂贵。电商企业为尽快收回资金、提高信誉,只能压缩利润空间选择空运。目前,比较常用的物流系统为中国邮政物流、EMS、ePacket、中国邮政挂号小包、中国邮政平常小包 + 及新加坡邮政小包,商业快递主要是 DHL。商业快递运货速度比较快,一般七天左右到达,但是费用高,以双肩包运到欧洲为例,运费会高达五六十美元,比商品本身价格还要高。中国邮政挂号小包等运输时间比较长,一般为一个月左右,运输距离远的可能达到两个月,仍以双肩包为例,运费大约为十美元左右。运费问题成为跨境电子商务发展亟待解决的问题。

跨境物流在长距离运输的同时,还要分别经过出口地和进口地的海关,海关货物查验的效率与结果直接关系着跨境物流的到达时间。目前我国海关在通关监管与放行方面做出了很大的努力,要求海关对跨境电商出口服务实行全年 365 天在线服务,并规定货物到达海关监管区域后 24 小时之内通关。即现阶段的通关障碍绝大多数在于目的地。据调查,目的地的通关壁垒确实是造成跨境物流时效性不稳定的一个原因，比如巴西海关几乎对包裹进行挨票查验，对商业发票、报检单据等资料的查验十分具体。一旦海关拒绝商品进入关境，势必给跨境物流的运输带来延迟效应，更甚者给出直接没收或货物退回的结果，就会给跨境电商企业原本小额的跨境交易带来更大的损失。

2. 网上跨境支付问题

我国跨境电商发展存在货款结算问题。一是缺乏完善的跨境支付系统且相关的配套外汇监管、税收等制度不完善。虽然国际上电商发达国家有成熟的支付系统，但缺乏全球通用型、接受度高的支付系统，这限制了跨境电商的销售区域，给回笼资金增加了难度。二是收汇手续费比较高，货款结算周期长。以速卖通为例，每笔提汇的手续费为 15 美元，货款收回时间一般会超过一个月，对于小卖家而言，费用较高，如不提汇，则会占用资金。

3. 专业人才严重缺乏

专业人才的缺乏成为制约跨境电商发展的重要因素之一。跨境电商相比国内电商，其物流、支付体系更加复杂，而这些问题往往会给中小外贸企业发展跨境电商带来诸多风险。中小外贸企业由于受自身规模、资金实力、管理水平等条件的限制，很难引进高技术的电商人才，高级电商人才的匮乏成为了跨境电商发展的瓶颈。跨境电商在人才的引进方面亟须进一步加强。随着跨境电子商务的发展，跨境电商的整个产业链上需要各种各样的人才，这些人才涵盖国贸、外语、物流管理、金融等专业。而既具有专业知识技能又拥有创新思维的复合型人才在我国相对稀缺。跨境电子商务所需要的人才，首先要熟悉产品的国际市场，同时要具备使用外语进行良好沟通的能力，而小语种地区发展跨境电子商务的潜力较大，小语种的相关人才也较为稀缺；其次，跨境电子商务要求从业人员较全面地了解当地消费者的生活方式、消费习惯，并且需要具备国际贸易、跨境物流的常识和各国相关的法律政策；最后，跨境电商人才不仅要精通语言，更要学会并善于数据分析，熟练掌握各个交易平台的交易规则，学会全店铺布局，熟练操作 Photoshop 等计算机软件，掌握运费模板的设置等。根据一些培训机构反馈的信息显示，刚刚培训完的成熟专业人才会立刻被聘用成为跨境电商操盘手，未来跨境电商的人才缺口可想而知。国内跨境电商人才的稀缺，主要原因是专业培训机构起步晚于市场的需求，数量不多且体制不够成熟，专门培养跨境电商人才的院校和专业不多，导致人才输出滞后于企业所需。

1.3 跨境电子商务平台

1.3.1 全球速卖通

全球速卖通(AliExpress)(图 1.2(1)、1.2(2))的官网网址为 http://www.seller.aliexpress.com，简称速卖通，正式上线于 2010 年 4 月，是阿里巴巴旗下面向全球市场打造的在线交易平台,是阿里巴巴帮助中小企业接触终端批发零售商,小批量多批次快速销售,拓展利润空间而全力打造的融合订单、支付、物流于一体的外贸在线交易平台,被广大卖家称为"国际版淘宝"。速卖通面向海外买家,通过支付宝国际账户进行担保交易,并使用国际快递发货,是全球第三大英文在线购物网站。平台注重商品品牌,为品牌出海保驾护航。卖家在速卖通不同经营大类下经营,需根据不同经营大类及下辖类目要求,缴纳技术服务年费,年费分10 000元和30 000 元两挡(织发及发套相关产品、接发类相关除外,年费分别为100 000 元、50 000元),同时平台收取5% ~8%的服务佣金。速卖通已经覆盖220 多个国家和地区的买家;覆盖服装服饰、3C、家居、饰品等共30 个一级行业类目;海外买家流量超过5 000 万件/日。2015 年"双11"期间,跨境出口共产生2 124万笔订单,全球每一百人就有一人浏览了速卖通,出口覆盖了214 个国家和地区,"双11"期间最畅销的商品是数码3C、服饰、运动、箱包、母婴、家居、美妆、饰品、假发及汽车配件。2016 年的速卖通"双11"期间,"双11"当日产生3 578 万笔订单,刷新了单日的销售记录。产品销售覆盖了230 个国家地区及621 万的国外买家。"双11"当日3 578 万笔订单的突破相较去年同日增长了68%,其中更有366 家店铺订单超过1 万笔。当日销量最多的店铺的订单总数为8.8 万多笔,销售额最高的店铺的交易金额高达449 万美金。"双11"当天速卖通APP 在84 个国家的App Store 购物类应用下载中排名第一。

1.3.2 亚马逊

亚马逊(Amazon)(图1.3)的官网网址为http://www.amazon.com,是美国最大的一家网络电商公司,也是网络上最早开始经营电商的公司之一。亚马逊成立于1995 年,总部位于华盛顿州的西雅图,目前已成为全球商品品种最多的网上零售商,在其公司名下,有AlexaInternet、a9、lab126 和互联网电影数据库(Internet Movie Database,IMDB)等子公司。在亚马逊平台,电商鼓励买家自助购买商品,平台中没有客服可以咨询,平台比较重视向买家展示商品,在买家搜索关键词时,列表里展示的多数为商品,而不是店铺。亚马逊不太重视各种收费广告,买家进入网站后看到的一般都是基于后台数据的关联推荐和排行推荐。而这些推荐的依据一般都是用户的购买记录以及买家的好评度和推荐度。所以,各位卖家可以增加选品种类,优化后台数据,采取措施引导买家留好评等。亚马逊比较重视客户的反馈,一个是商品的评论;二是客户对于商家提供的服务质量的评价等级。商家入驻亚马逊平台没有保证金,也没有平台服务费及技术服务费,平台收取的只是成交单的提成,是真正的互利共赢。当然,对入驻商家的要求也比其他平台要高一些,这一点是可以理解的。

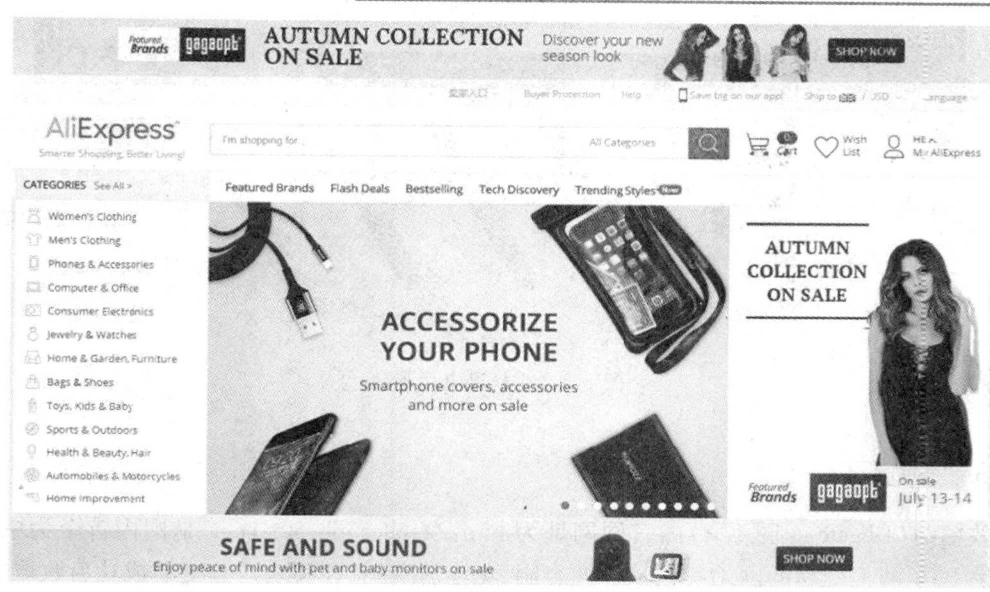

买家页面

加入速卖通，成就品牌出海

卖家页面

图 1.2　全球速卖通电商平台

图 1.3　亚马逊电商平台

1.3.3　敦煌网

敦煌网(Dhgate)(图 1.4)的官网网址为 http://seller.dhgate.com,是国内首个为中小企业提供 B2B 网上交易的网站。它采取佣金制,免注册费,只在买卖双方交易成功后收取费用。据 Paypal 交易平台数据显示,敦煌网是在线外贸交易额中亚太排名第一、全球排名第六的电商网站。作为中小额 B2B 海外电商的创新者,敦煌网采用 EDM(电子邮件营销)的营销模式,低成本高效率地拓展海外市场,自建的 DHgate 平台为海外用户提供了高质量的商品信息,用户可以自由订阅英文 EDM 商品信息,第一时间了解市场最新供应情况。2013 年,敦煌网新推出的外贸开放平台实质上是一个外贸服务开放平台,而敦煌网此举应该是在试探外贸 B2B“中大额”交易。通过开放的服务拉拢中大型的制造企业,最终引导它们在线上交易。在敦煌网,买家可以根据卖家提供的信息来生成订单,可以选择直接批量采购,也可以选择先小量购买样品,再大量采购。这种线上小额批发一般使用快递发货,快递公司一般在一定金额范围内会代理报关。

1.3.4　eBay

eBay (电子湾、亿贝、易贝)(图 1.5)的官网网址为 http://www.ebay.cn,是一个可让全球民众上网买卖物品的线上拍卖及购物网站。eBay 于 1995 年 9 月 4 日由 Pierre Omidyar 以 Auctionweb 的名称创立于加利福尼亚州圣荷西。人们可以在 eBay 上通过网络出售商品,平台向每笔拍卖收取刊登费(费用从 0.25 美元至 800 美元不等),向每笔已成交的拍卖再收取一笔成交费(成交价的 7% ~13% 不等)。由于 eBay 另外拥有 PayPal,所以也从此处产生利益,eBay 和 PayPal 类似国内淘宝和支付宝,一个用于开店,一个用于付款。

图 1.4　敦煌网电商平台

图 1.5　eBay 电商平台

1.3.5　Wish

Wish(图 1.6)的官网网址为 http://www.merchant.wish.com,2011 年成立于美国旧金山硅谷, Wish 一直做的是移动端的购物平台。移动端最大的特点就是“随时随地随身”,进而带来碎片化需求。Wish 的创始人最初在推出这款 APP 产品的时候,考虑到市面上缺少专注于产品展示和推荐的购物应用，因此推出 Wish 来帮助用户管理数据，希望能通过一种算法将消费者与想要购买的物品连接起来，力求达到无障碍连接用户和内容。Wish 每次只根据用户喜好推送少量产品，不影响用户的购物体验，这样对卖家和买家都是极有利的，因为买家在 Wish 平台购物过程中，免受不必要的干扰，而只看到他们可能会购买的商品，直接而快速的购物体验让他们感觉更愉悦。对于卖家来说，Wish 推送的产品是买家最有可能购买的产品，这样无疑提高了他们产品的转化率，对于中小卖家来说，Wish 这种个性化的推送产品方式值得借鉴，取悦客户、满足客户购物体验的同时，最终也可能会鼓励销售。

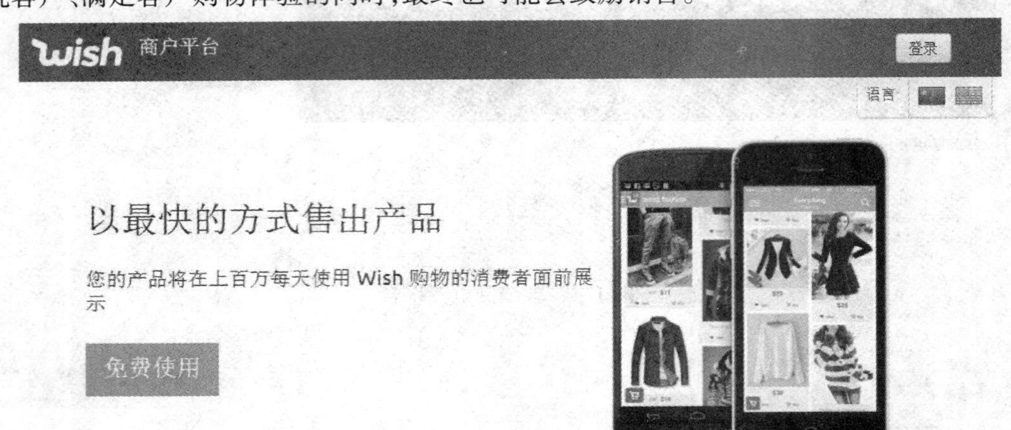

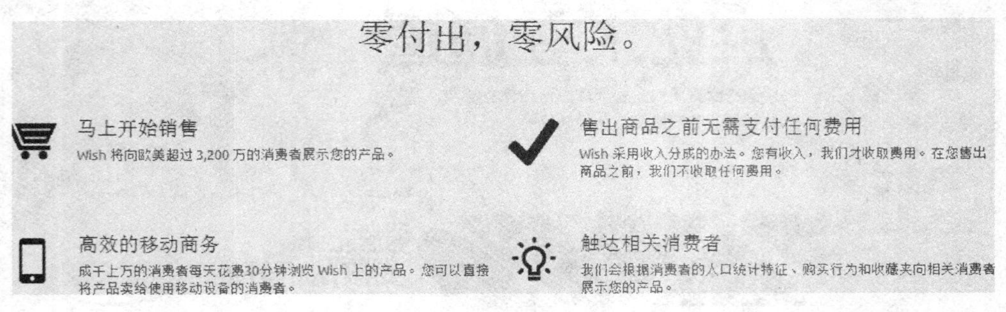

图 1.6　Wish 商户平台

实验项目 2

Chapter 2

开通店铺

实验目的：了解速卖通开店的流程。

实验任务：进入速卖通官网首页，按照流程注册一个属于自己的速卖通店铺账号并绑定邮箱，不要求绑定支付宝和考试。

开通速卖通店铺的顺序是开店准备→账号注册→实名认证→开店考试→资质审核→缴费。

2.1 开店准备

全球速卖通是目前跨境电商领域发展最快的零售销售平台，速卖通平台被称为“国际版淘宝”，在速卖通平台销售商品需要入驻平台，开通店铺。随着跨境电子商务发展日趋完善，速卖通平台也随之不断发展和完善，为更好地了解平台要求，需要了解有关速卖通平台入驻的流程及要求。速卖通入驻流程如下。

登录速卖通官网（http://seller. aliexpress. com/）（图 2. 1），在官网首页找到“全球速卖通 2017 年招商入口”，并点击进入。

加入速卖通，成就品牌出海

图 2.1　进入速卖通官网

点击“全球速卖通 2017 年招商入口”，进入招商首页，点击“入驻指南”，进入“入驻指南”，如图 2.2 所示。

图 2.2　进入“入驻指南”

入驻速卖通店铺共分为四个阶段，如图 2.3 所示。

阶段一

了解标准帐号注册

NO.1
了解招商标准

NO.2
准入入驻材料

阶段二
入驻三步走

NO.1等待类目入驻资质审核（初审、复审）

2017年1月3日开启新招商准入后可提交资料，点击［我要入驻］,相关资质信息需确保：

（一）资质真实有效；
（二）符合入驻要求；

NO.2缴纳类目技术服务年费

资费标准参见《速卖通2017年度各类目技术服务费年费一览表》

NO.3申请商标资质权限

2017年1月1日开始，新发产品"品牌属性"必须选择商标；您可点击这里查询所经营类目下的商标资质要求并开始进行"商标资质申请"。

阶段三
完善店铺信息

NO.1设置店铺资产

进入卖家后台-店铺-店铺资产管理进行相关资产设置，提升店铺曝光机制。

（一）选择店铺类型（如官方店/专卖店/专营店）店铺类型要求点击设置；
（二）设置店铺名称；
（三）设置店铺二级域名《速卖通店铺二级域名申请及使用规范》；
（四）若您申请的是官方店，同步设置品牌官方直达及品牌故事内容。

阶段四
开启经营

NO.1发布商品

NO.2装修店铺

（一）设计您的店铺风格，打造品牌形象
（二）无线店铺设置 教程全攻略

NO.3店铺上线

图 2.3　入驻步骤

在全球速卖通平台，不同的速卖通店铺类型在入驻平台时，在开店企业资质、平台允许的店铺数、单店铺可申请品牌数量、需提供的材料方面有不同的要求，具体要求见表 2.1。

表 2.1　AliExpress 全球速卖通店铺类型及相关要求

店铺类型	官方店	专卖店	专营店
店铺类型介绍	商家以自有品牌或由权利人独占性授权（仅商标为 R 标）入驻速卖通开设的店铺	商家以自有品牌（商标为 R 或 TM 状态），或者持他人品牌授权文件在速卖通开设的店铺	经营 1 个及以上他人或自有品牌（商标为 R 或 TM 状态）商品的店铺

续表 2.1

店铺类型	官方店	专卖店	专营店
开店企业资质	需要完成企业认证，卖家需提供如下资料： 1. 企业营业执照副本复印件；2. 企业税务登记证复印件（国税、地税均可）；3. 组织机构代码证复印件；4. 银行开户许可证复印件；5. 法定代表人身份证正反面复印件	同官方店	同官方店
单店铺可申请品牌数量	仅 1 个	仅 1 个	可多个
平台允许的店铺数	同一品牌（商标）仅 1 个	同一品牌（商标）可多个	同一品牌（商标）可多个
需提供的材料	1. 商标权人直接开设官方店，需提供国家商标总局颁发的商标注册证（仅 R 标）；2. 由权利人授权开设官方店，需提供国家商标总局颁发的商标注册证（仅 R 标）与商标权人出具的独占授权书（如果商标权人为境内自然人，则需同时提供其亲笔签名的身份证复印件。如果商标权人为境外自然人，提供其亲笔签名的护照/驾驶证复印件也可以）；3. 经营多个自有品牌商品且品牌归属同一个实际控制人，需提供多个品牌国家商标总局颁发的商标注册证（仅 R 标）；4. 卖场型官方店，需提供国家商标总局颁发的 35 类商标注册证（仅 R 标）与商标权人出具的独占授权书（仅限速卖通邀请）	1. 商标权人直接开设的品牌店，需提供由国家商标总局颁发的商标注册证（R 标）或商标注册申请受理通知书（TM 标）；2. 持他人品牌开设的品牌店，需提供商标权人出具的品牌授权书（若商标权人为自然人，则需同时提供其亲笔签名的身份证复印件；如果商标权人为境外自然人，提供其亲笔签名的护照/驾驶证复印件也可以）	需提供由国家商标总局颁发的商标注册证（R 标）或商标注册申请受理通知书复印件（TM 标）或以商标持有人为源头的完整授权或合法进货凭证（各类目对授权的级数要求，具体以品牌招商准入资料提交为准）

说明如下。

(1)企业标准。

合法登记的企业用户,并且能够提供速卖通入驻要求的所有相关文件方可入驻,不接受个体工商户等入驻。2017 年 1 月 1 日起,平台关闭个人账户转为企业账户的申请入口,所有新账户必须以企业身份进行卖家账号注册及认证。一家企业在一个经营大类下可经营店铺数量限 3 家。

(2)商标标准。

2017 年速卖通全面实施商品品牌化,个别类目除外。2017 年 1 月 1 日开始,新发产品“品牌属性”必须选择商标;每个类目下对品牌的资质要求不相同,以提供商标注册证书或商标受理通知书或品牌授权书为主,部分品牌提供全链路进货发票也可以。

北京时间 2017 年 5 月 9 日下午,速卖通以下经营大类将开启审核制招商:服装服饰、箱包鞋类、精品珠宝、护肤品、美容健康、母婴 & 玩具、家居 & 家具、家装 & 灯具 & 工具、家用电器、运动鞋服包/户外配附、骑行/渔具、乐器、手机配件 & 通讯、电脑 & 办公、消费电子、安防、办公文教用品、电子烟、平板、手机、汽摩配。

2.2　账号注册

第一步:登录速卖通官网首页(图 2.4),点击“立即入驻”。

图 2.4　进入速卖通官网

第二步:设置用户名(图 2.5)。需要输入电子邮箱,点击“下一步”。系统将验证信息发送至邮箱(图 2.6),用户进入邮箱完成注册(图 2.7)。

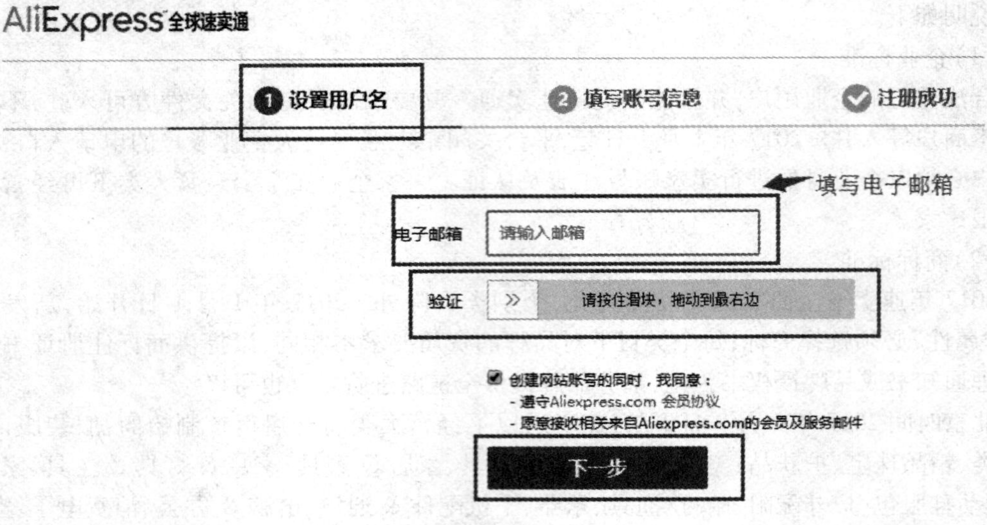

AliExpress 全球速卖通

❶ 设置用户名　② 填写账号信息　✓ 注册成功

填写电子邮箱

电子邮箱　请输入邮箱

验证　》　请按住滑块，拖动到最右边

☑ 创建网站账号的同时，我同意：
- 遵守Aliexpress.com 会员协议
- 愿意接收相关来自Aliexpress.com的会员及服务邮件

下一步

图 2.5　设置用户名

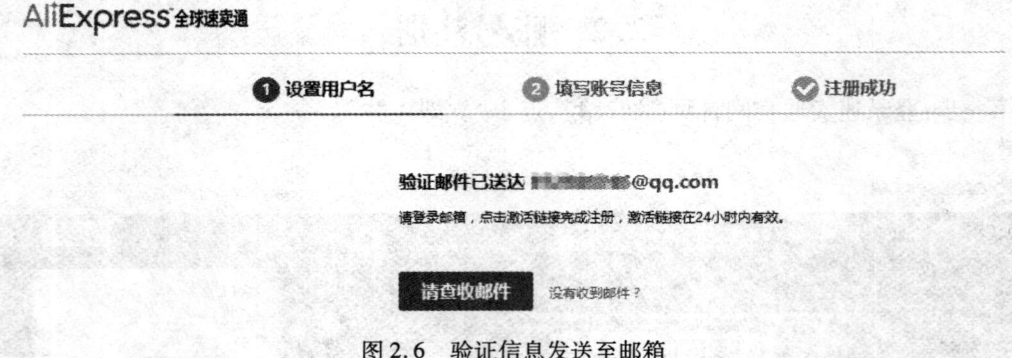

图 2.6　验证信息发送至邮箱

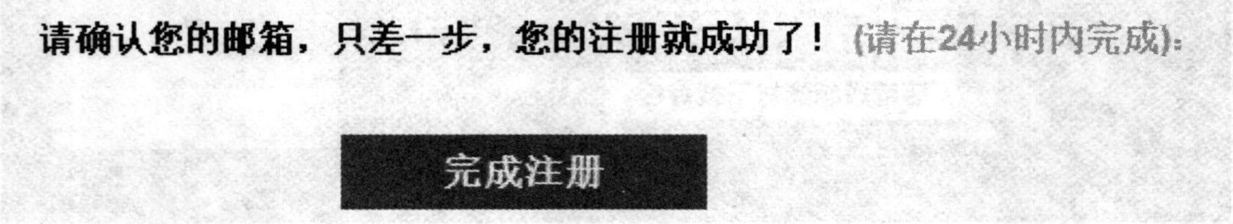

请确认您的邮箱，只差一步，您的注册就成功了！（请在24小时内完成）：

完成注册

图 2.7　进入邮箱完成注册

第三步：填写账号信息（图 2.8），设置登录密码、验证手机号码等。

第四步：注册成功（图 2.9）。

❶ 设置用户名　❷ 填写账号信息　✔ 注册成功

登录名　■■■■■■i@qq.com

设置登录密码

登录密码　设置你的登录密码　⊗ 密码设置不符合要求

密码确认　请再次输入你的密码

英文姓名　名　名

手机号码　请输入手机号码

联系地址　-- 请选择省 --　-- 请选择市 --　-- 请选择县城 --

经营模式　请选择...

在线经验　☐ 淘宝等国内在线零售平台　☐ eBay等国际在线零售平台

☐ 阿里巴巴中国站等内贸平台　☐ 阿里巴巴国际站等外贸平台

确认

图 2.8　填写账号信息

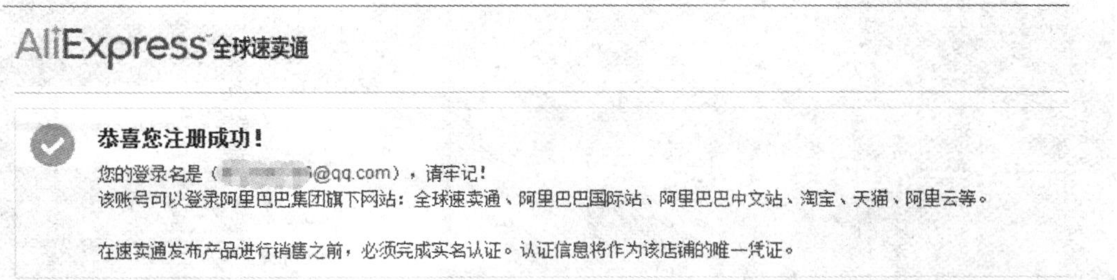

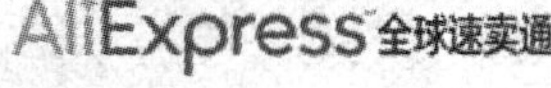

恭喜您注册成功！

您的登录名是（■■■■■i@qq.com），请牢记！

该账号可以登录阿里巴巴集团旗下网站：全球速卖通、阿里巴巴国际站、阿里巴巴中文站、淘宝、天猫、阿里云等。

在速卖通发布产品进行销售之前，必须完成实名认证。认证信息将作为该店铺的唯一凭证。

图 2.9　注册成功

2.3 实名认证

在速卖通发布产品销售之前,企业必须完成实名认证。每个企业最多可以认证六个速卖通账号,认证的过程包括先进行支付宝实名认证,绑定支付宝,完善企业信息,完成认证。具体步骤如下。

第一步:点击“去认证”,如图 2.10 所示。

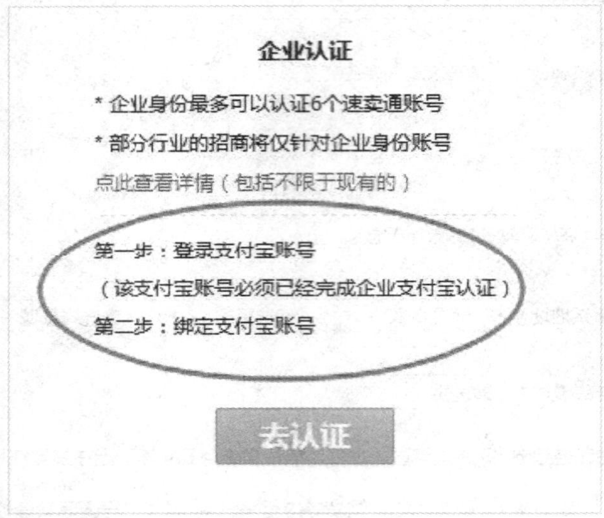

图 2.10　企业认证

第二步:登录“支付宝登录和注册”页面,点击免费注册,如图 2.11 所示。

图 2.11　支付宝账号登录和注册页面

第三步：在创建账户页面，选择"企业账户"，进行企业支付宝账户注册，输入账户名和验证码，账户名是邮箱，之后选择下一步，如图 2.12 所示。

图 2.12　创建账户

第四步：在图 2.13 中选择"我是商家用户"。

图 2.13　账户注册

第五步：手机验证支付宝账户，如图 2.14 所示。

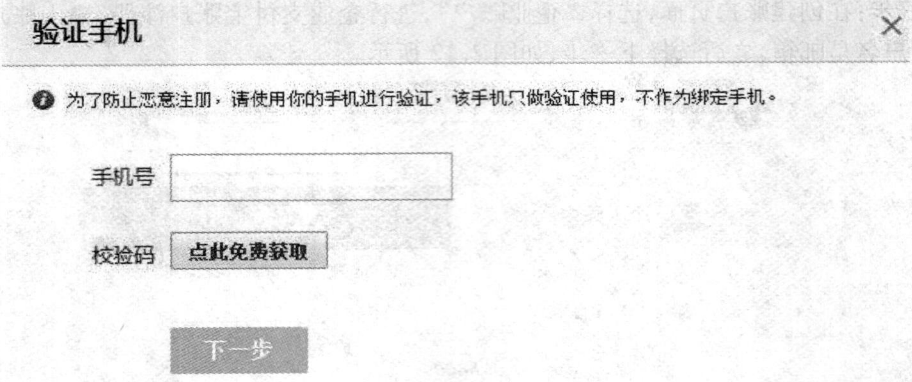

验证手机

为了防止恶意注册，请使用你的手机进行验证，该手机只做验证使用，不作为绑定手机。

手机号

校验码 点此免费获取

下一步

图 2.14 手机验证

第六步：邮箱验证支付宝账户，如图 2.15 所示。

验证账户名

验证邮件已发送到邮箱 fug***@163.com

请在24小时内点击邮件中的链接继续注册。

立即查收邮件

没收到邮件？

图 2.15 邮箱验证

第七步：填写支付宝密码信息。包括密码和密码保护问题，密码要求是 6 ~ 20 位字符，包括大小写字母、数字、符号中至少两种，如图 2.16 所示。

第八步：填写企业实名信息，点击“企业实名信息填写”，如图 2.17 所示。

(1)选择单位类型。单位类型包括企业、事业单位、民办非企业单位、个体工商户、社会团体、党政及国家机关。在单位类型中选择企业，需上传企业营业执照，如图 2.18 所示。

支付宝账户名 ████@163.com

登录密码 登录时需验证，保护账户信息

登录密码 ············ 密码安全程度：中

再输入一次 ············

支付密码 交易付款或账户信息更改时需输入，

支付密码

再输入一次

安全程度：
- 与登录密码不同
- 6-20位字符
- 只能包含大小写字母、数字以及标点符号（除空格）
- 大写字母、小写字母、数字和标点符号至少包含2种

安全保护问题 忘记密码时，可通过回答问题找回密码

安全保护问题 - - 请选择 - -

安全保护答案

图 2.16　设置密码

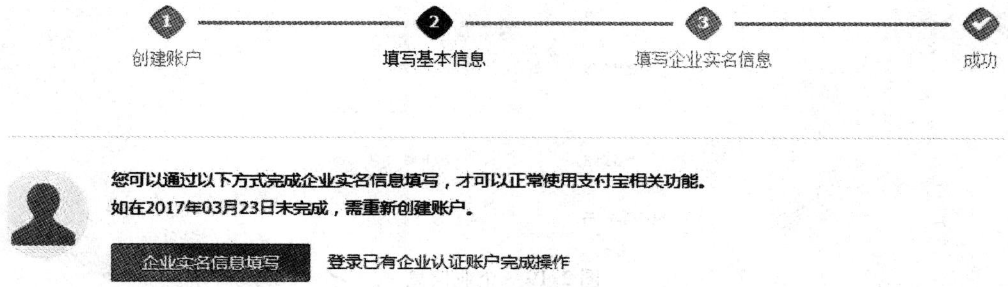

1 创建账户 — 2 填写基本信息 — 3 填写企业实名信息 — 成功

您可以通过以下方式完成企业实名信息填写，才可以正常使用支付宝相关功能。

如在2017年03月23日未完成，需重新创建账户。

企业实名信息填写　登录已有企业认证账户完成操作

图 2.17　基本信息

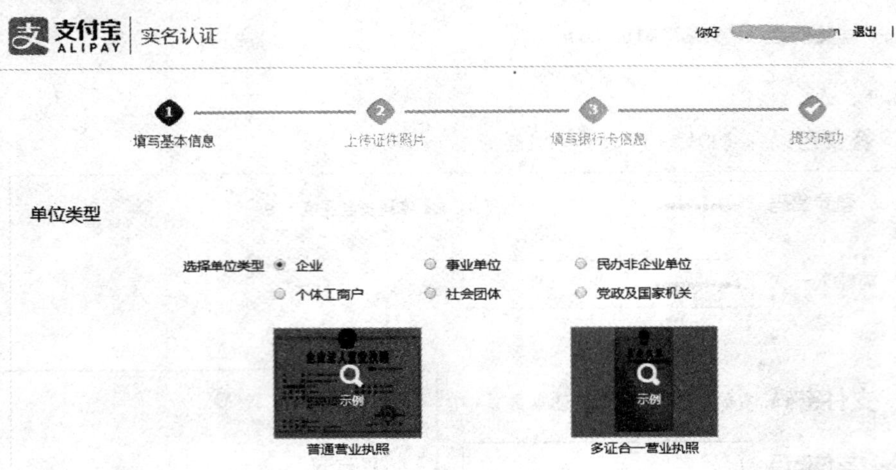

图 2.18　单位类型

(2)填写企业信息。包括证件类型、企业名称、注册号、单位所在地、住所、经营范围、营业期限和组织机构代码,如图 2.19 所示。

企业信息　按照证书上的内容逐字填写

证件类型　普通营业执照(存在独立的组织机构代码证)
多证合一营业执照(不存在独立的组织机构代码证)

企业名称　查找生僻字

注册号　如:000000000001234

单位所在地　请选择　请选择

住所

经营范围

营业期限　长期

组织机构代码　如:00001234-1

图 2.19　企业信息

(3)填写法人代表信息。包括法人代表归属地、法人代表人姓名、身份证号、证件有效期和填写人身份,如图 2.20 所示。

(4)填写实际控制人信息。包括控制人类型、实际控制人归属地、实际控制人姓名、身份证号码、证件有效期和联系方式，如图 2.21 所示。

法定代表人信息

法定代表人归属地　中国大陆

法定代表人姓名　　查找生僻字

身份证号

证件有效期　　长期

填写人身份　我是法定代表人　我是代理人

图 2.20　法人代表信息

实际控制人

类型　个人　企业

实际控制人归属地　中国大陆

实际控制人姓名　　查找生僻字

身份证号

证件有效期　　长期

联系方式

联系人手机号码　审核结果将通过短信发送至该手机

下一步

图 2.21　实际控制人信息

信息填写完毕，点击“下一步”。

第九步：上传证件。企业信息填写完毕后，上传企业法人营业执照和法人代表的证件照，如图 2.22 所示。

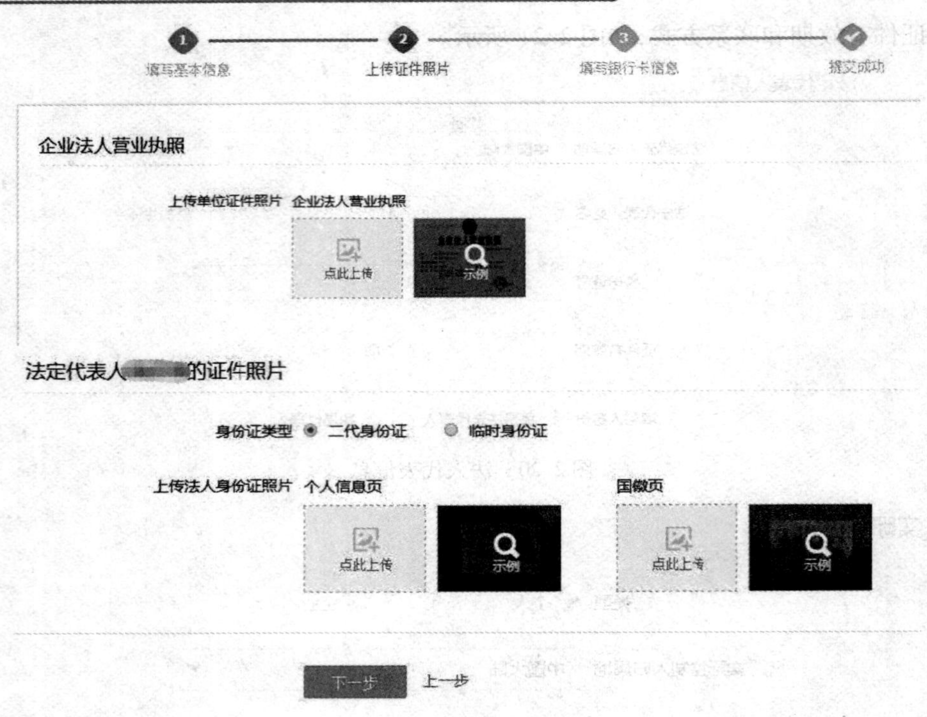

图 2.22　证件上传

第十步：填写银行信息。选择开户银行，填写对公银行账户，如图 2.23 所示。

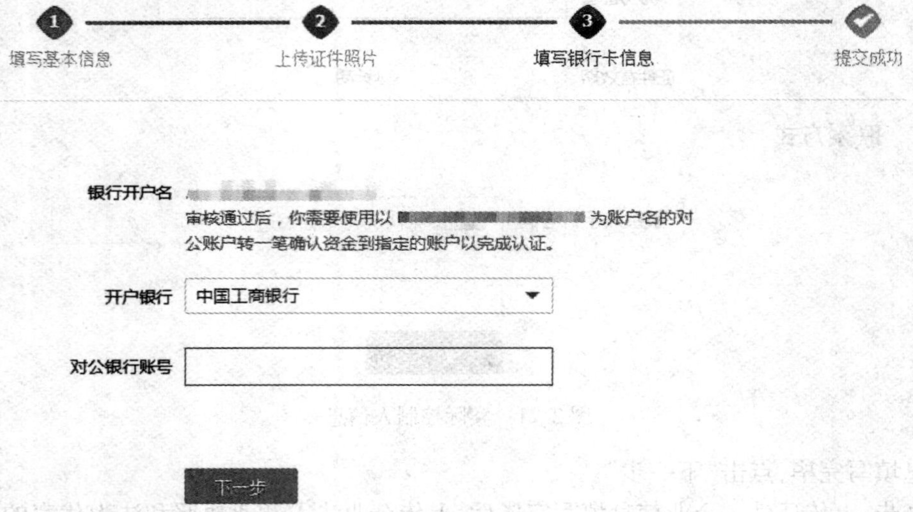

填写基本信息　上传证件照片　填写银行卡信息　提交成功

银行开户名

审核通过后，你需要使用以　为账户名的对公账户转一笔确认资金到指定的账户以完成认证。

开户银行　中国工商银行

对公银行账号

下一步

图 2.23　银行账户信息

信息填写完毕后，点击“下一步”，信息提交给平台，等待平台审核，如图 2.24 所示。

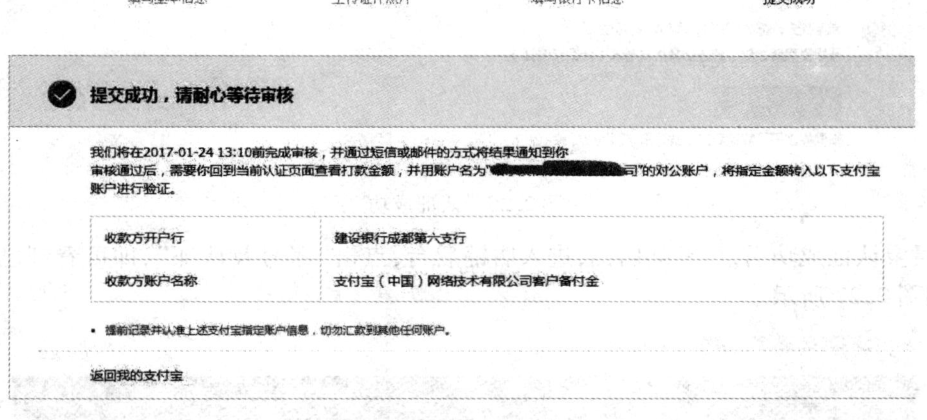

图 2.24　平台审核

第十一步：银行账户转账。平台审核成功后，需要从企业对公银行账户转账到支付宝账户 0.85 元，完成最后认证，如图 2.25 和图 2.26 所示。

图 2.25　银行转账信息

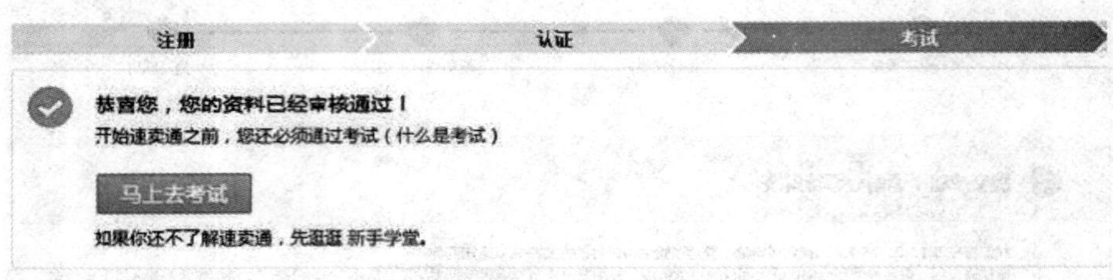

图 2.26　认证成功

支付宝认证成功后，可登陆店铺，进入店铺后台，点击“账号及认证”，即可看到已经完成认证，如图 2.27 所示。

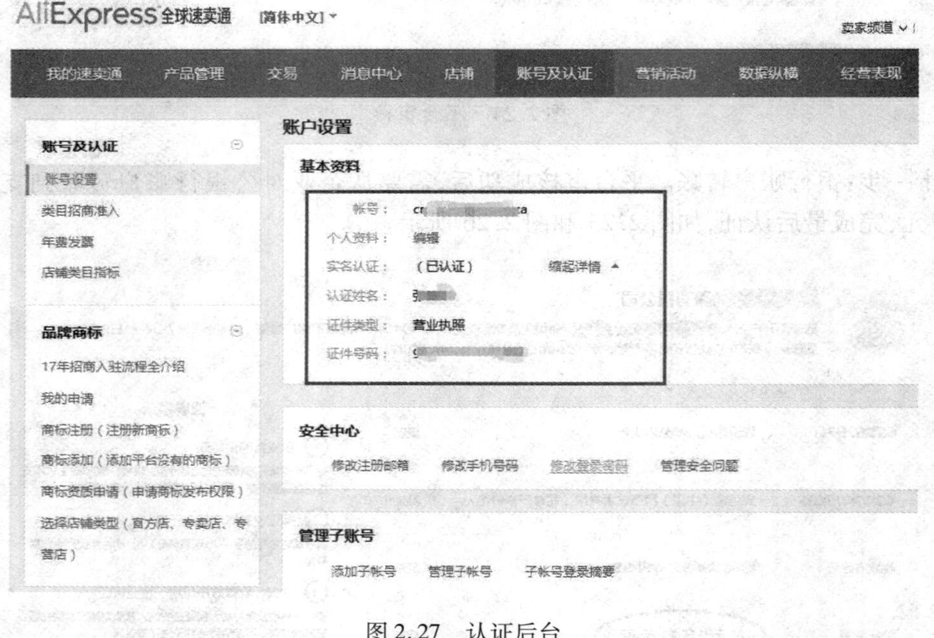

图 2.27　认证后台

2.4　开店考试

为了让新卖家尽快了解与熟悉速卖通，在进入操作后台进行实际操作之前，会有一个开店考试，通过平台了解、发布产品、国际物流了解、平台规则、营销与数据等几个交易核心环节的培训，让新卖家了解速卖通、熟悉操作，并具备基本的出单技巧。考试知识点（图2.28）包含:速卖通及操作平台基本了解、如何发布一个完整的产品、国际物流了解与操作、如何参与平台活动、如何通过数据了解提升店铺、速卖通平台规则等6个模块的内容。每个模块下分别设有针对性的视频教程。考试针对这6个知识点随机抽取50题不定项选择,90分及以上为合格。开店考试试题形式如图2.29所示。合格卖家可以进入速卖通操作后台进行实际操作(图2.30),而不合格的卖家可以选择重新抽取试题进行考试。

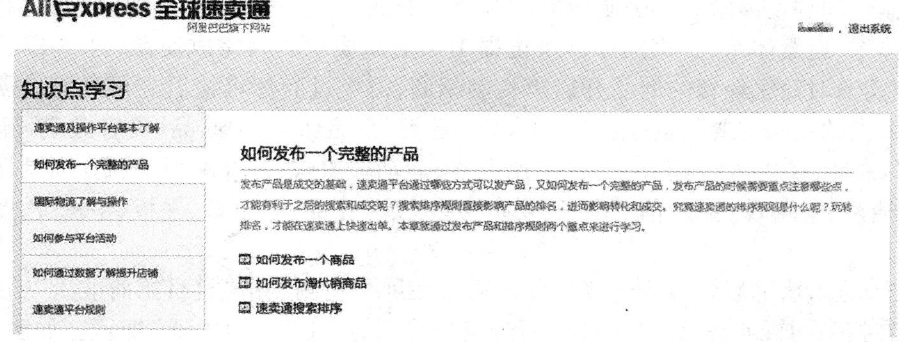

图2.28　考试知识点

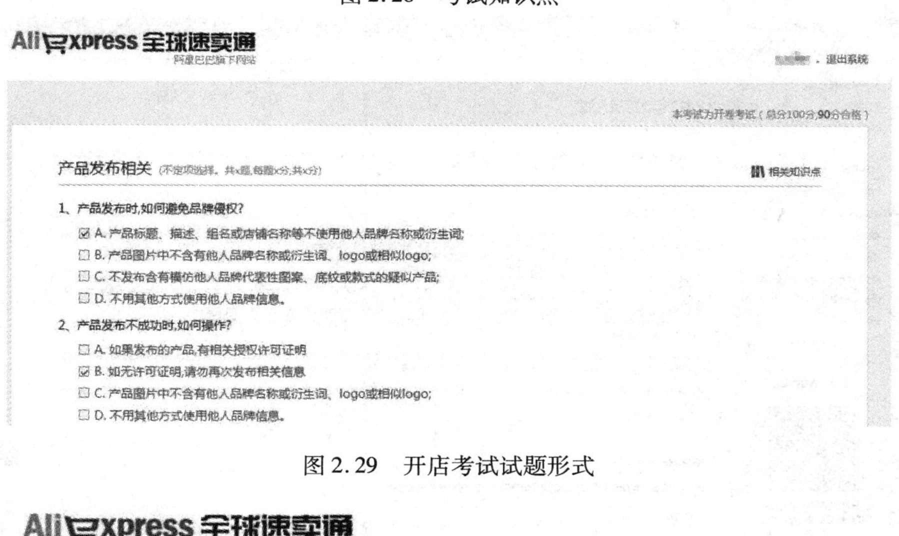

图2.29　开店考试试题形式

图2.30　考试合格

2.5 资质审核

2016 年速卖通重新定位平台使命，“货通天下”升级为“好货通，天下乐”。“好货通”，帮助更多优秀的中国制造浮现出来，面向全球买家；“天下乐”始终围绕着消费者体验，希望带给买家更愉快的购物体验。这份使命不仅对商家的商品、服务提出更高要求，同时对平台自身的规则体系、运营体系、商家服务体系也提出了更高要求。为完成使命，自 2017 年 5 月 9 日开始，速卖通对商家经营的商品开启审核制招商，需经过商标审核后方可经营。需经过审核的经营大类的商品主要包括：服装服饰、箱包鞋类、精品珠宝、护肤品、美容健康、母婴 & 玩具、家居 & 家具、家装 & 灯具 & 工具、家用电器、运动鞋服包/户外配附、骑行/渔具、乐器、手机配件 & 通讯、电脑 & 办公、消费电子、安防、办公文教用品、电子烟、平板、手机、汽摩配。审核步骤如下。

第一步：进入店铺后台，点击“账号及认证”，在屏幕左侧点击“类目招商准入”，在此页面中，在“正在招商的行业类目”处选择你所经营的类目，点击“立即申请”即可。如图 2.31 所示。

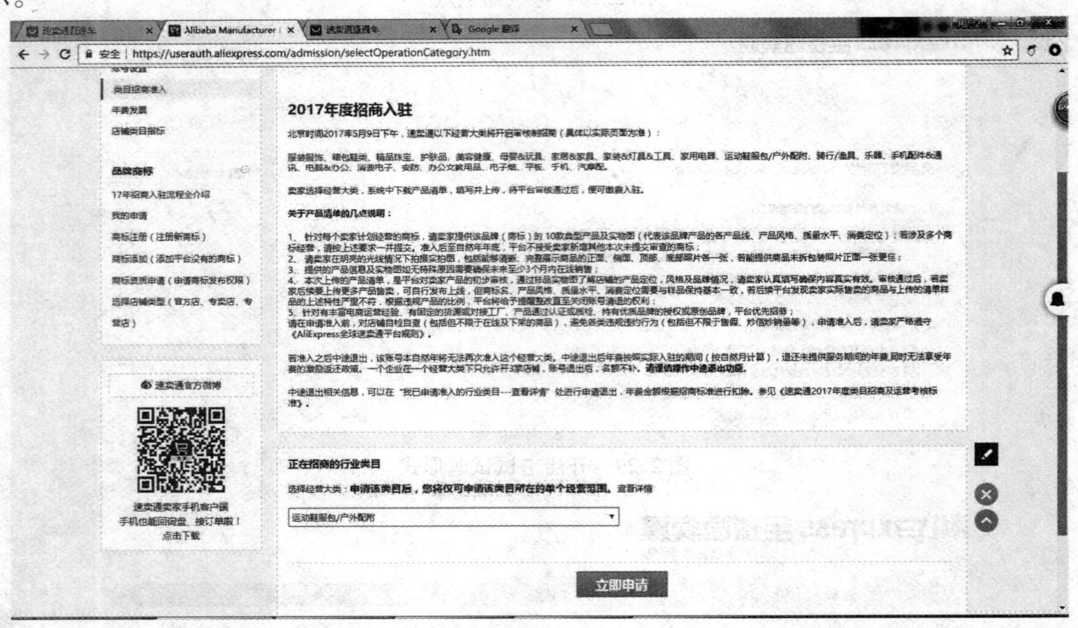

图 2.31　招商申请

第二步：阅读并签署“行业类目服务准入协议”，如图 2.32 所示。

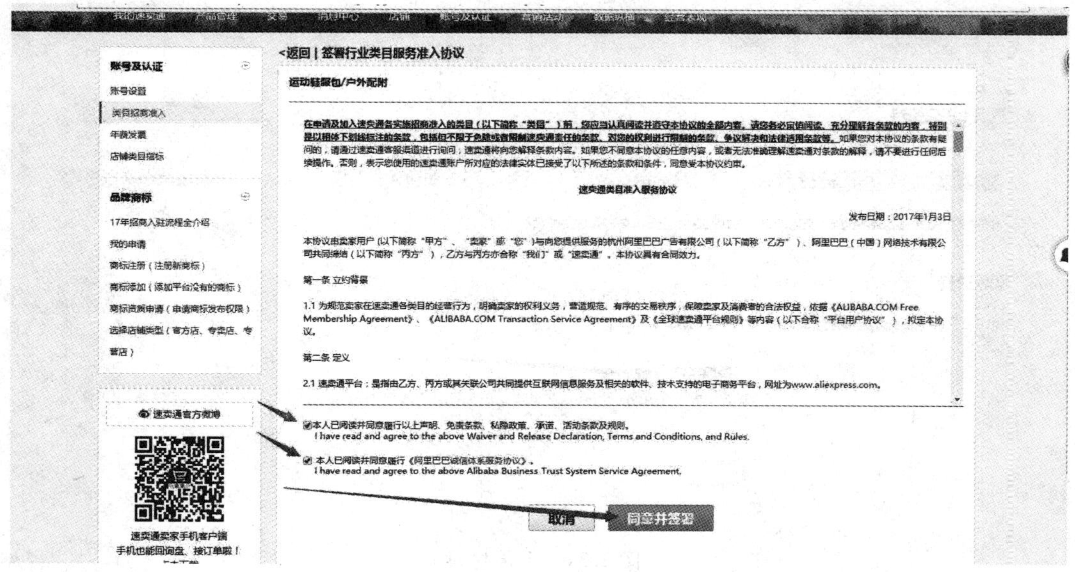

图 2.32　行业类目服务准入协议

第三步：下载产品清单，填写并上传。卖家选择经营大类，系统中下载产品清单，填写并上传，待平台审核通过后，便可缴费入驻。如图 2.33～2.36 所示。

1、带*项为必填项：每个类目，请卖家提供10-30款商标产品清单和对应的实物图片，以利于小二能更好了解店铺定位和风格，行数、大小宽度不够请自行添加调整；

2、请认真填写以下信息，确保内容真实有效，若后续平台发现卖家实际售卖的商品与上传的清单样品不符，保留关闭账号清退权利；填写完毕后直接以excel格式在对应资质提交入口上传；

3、生产商名称：如为市场拿货，请标注市场名称；

4、实物图片：请上传产品的实物图片，实物中需要凸显商标logo，部分配附件行业可根据行业的特性，选择在包装上展示logo，小二综合审核判定。

产品清单												单店经营	经营大类	类目
商标名称*	商标来源*	风格	其他平台的店铺或商品链接	是否原创设计*	生产商名称*	产地*	销售对应类目*	具体产品名称*	材质*	包邮预销售价格（美金）*	实物图片*	服装服饰	服装服饰	Apparel Accessories（服饰配件）
														Women'

图 2.33　产品清单样式

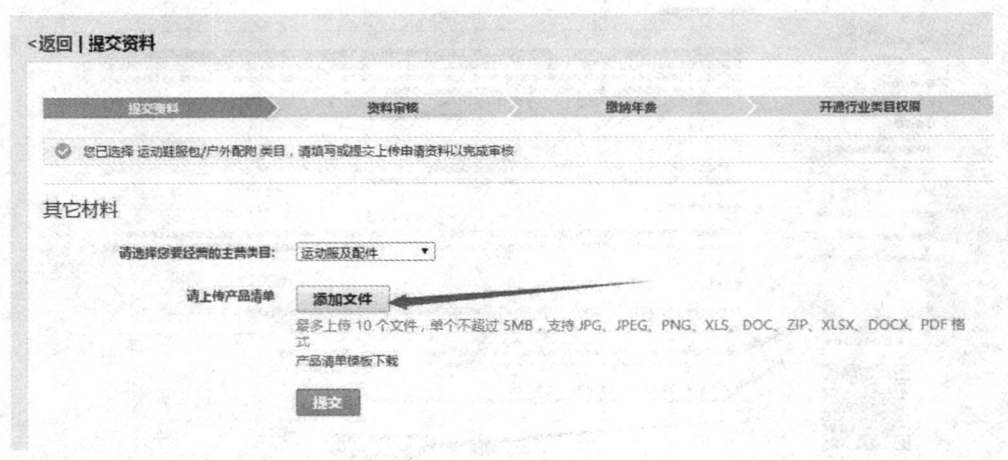

图 2.34　上传材料

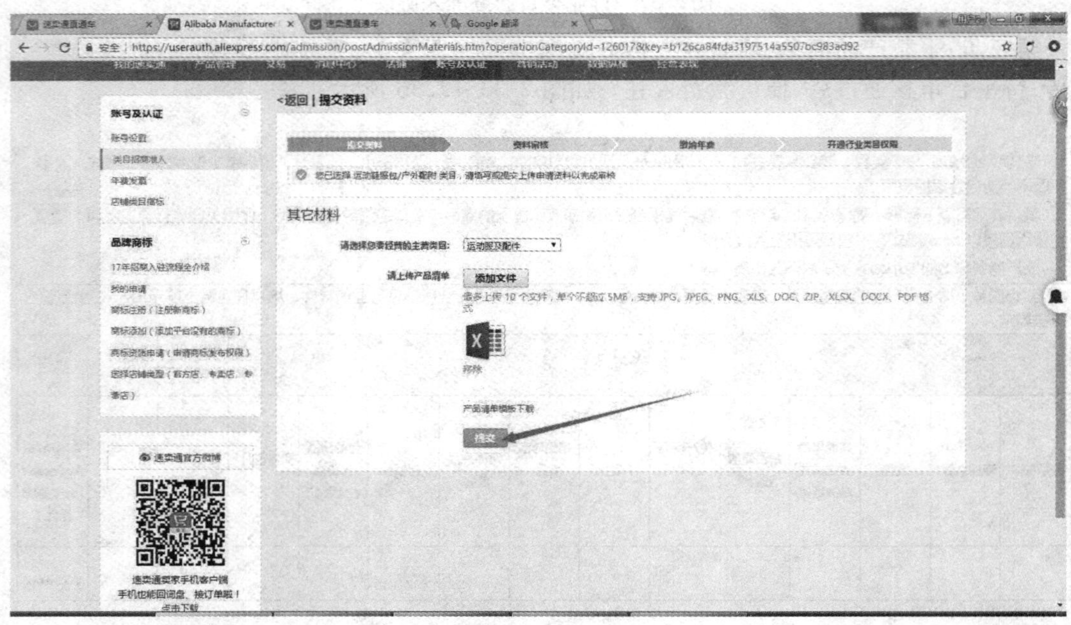

图 2.35　提交材料

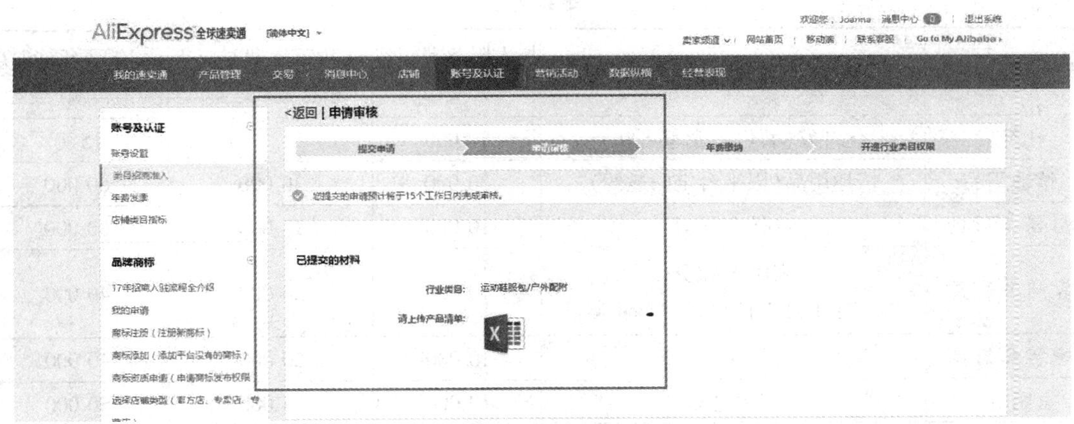

图2.36　等待审核

说明：

营业执照与商标的经营范围原则上必须相符合(如要做女装,那么营业执照中要有服装经营类目,商标则必须是服装经营类目),如果不符合,那就不能以100%的概率通过审核,有可能失败,切记!!!

第四步:审核通过后即可缴费,之后上传商品。不同的类目,技术服务年费收费标准不同。速卖通不同类目技术服务年费收费及返还一览表见表2.2。

表2.2　速卖通不同类目技术服务年费收费及返还一览表

单店经营范围	经营大类	技术服务费年费/人民币元	返50%年费对应年销售额/美元	返100%年费对应年销售额/美元
服装服饰	服装服饰	10 000	20 000	40 000
箱包鞋类	箱包鞋类	10 000	15 000	30 000
精品珠宝	精品珠宝	10 000	12 500	25 000
珠宝饰品及配件	珠宝饰品及配件(限平台定向邀约)	10 000	12 500	25 000
手表	手表(限平台定向邀约)	10 000	25 000	50 000
婚纱礼服	婚纱礼服(限平台定向邀约)	10 000	25 000	50 000
美容美发	护肤品	10 000	15 000	30 000
美容美发	美容健康	10 000	24 000	48 000
经鉴定真人发	织发及发套相关(暂停新卖家入驻)	100 000		60万
经鉴定真人发	接发类相关(暂停新卖家入驻)	50 000		15万

续表 2.2

单店经营范围	经营大类	技术服务费年费（人民币）	返 50% 年费对应年销售额（美金）	返 100% 年费对应年销售额（美金）
化纤发	化纤发（暂停新卖家入驻）	30 000		15 万
情趣用品	情趣用品（限平台定向邀约）	30 000	30 000	60 000
母婴 & 玩具	母婴 & 玩具	10 000	15 000	30 000
家居 & 家具	家居 & 家具 （2017 年 1 月 1 日起关闭 food 类目）	10 000	20 000	40 000
家装 & 灯具	家装 & 灯具	10 000	20 000	40 000
家用电器	家用电器	10 000	25 000	50 000
运动 & 娱乐	运动鞋服包/户外配附	10 000	15 000	30 000
运动 & 娱乐	骑行/渔具	10 000	20 000	40 000
运动 & 娱乐	平衡车（限平台定向邀约）	30 000	18 000	36 000
运动 & 娱乐	乐器	10 000	10 000	20 000
3C 数码	手机配件 & 通讯	10 000	18 000	36 000
3C 数码	电脑 & 办公	10 000	18 000	36 000
3C 数码	消费电子	10 000	18 000	36 000
3C 数码	安防	10 000	18 000	36 000
3C 数码	办公文教用品	10 000	12 000	24 000
3C 数码	电子元器件（限平台定向邀约）	10 000	30 000	60 000
3C 数码	电子烟	30 000	60 000	120 000
3C 数码	平板	10 000	60 000	120 000
3C 数码	手机	30 000	45 000	90 000
汽摩配	汽摩配	10 000	36 000	72 000
旅游及代金券	旅游及代金券	10 000	12 000	24 000
特殊类	特殊类			

实验项目 3

Chapter 3

速卖通店铺后台介绍

实验目的:了解速卖通店铺后台各个按钮的功能。

实验任务:登录指定账号,认识和熟悉每个按钮的意义和使用方法。

店铺注册成功后,登录速卖通官网(图 3.1),点击“登录”,输入登录名和密码(图3.2),即可进入速卖通店铺后台(图 3.3)。

图 3.1　登录速卖通

图 3.2　输入登录名和密码

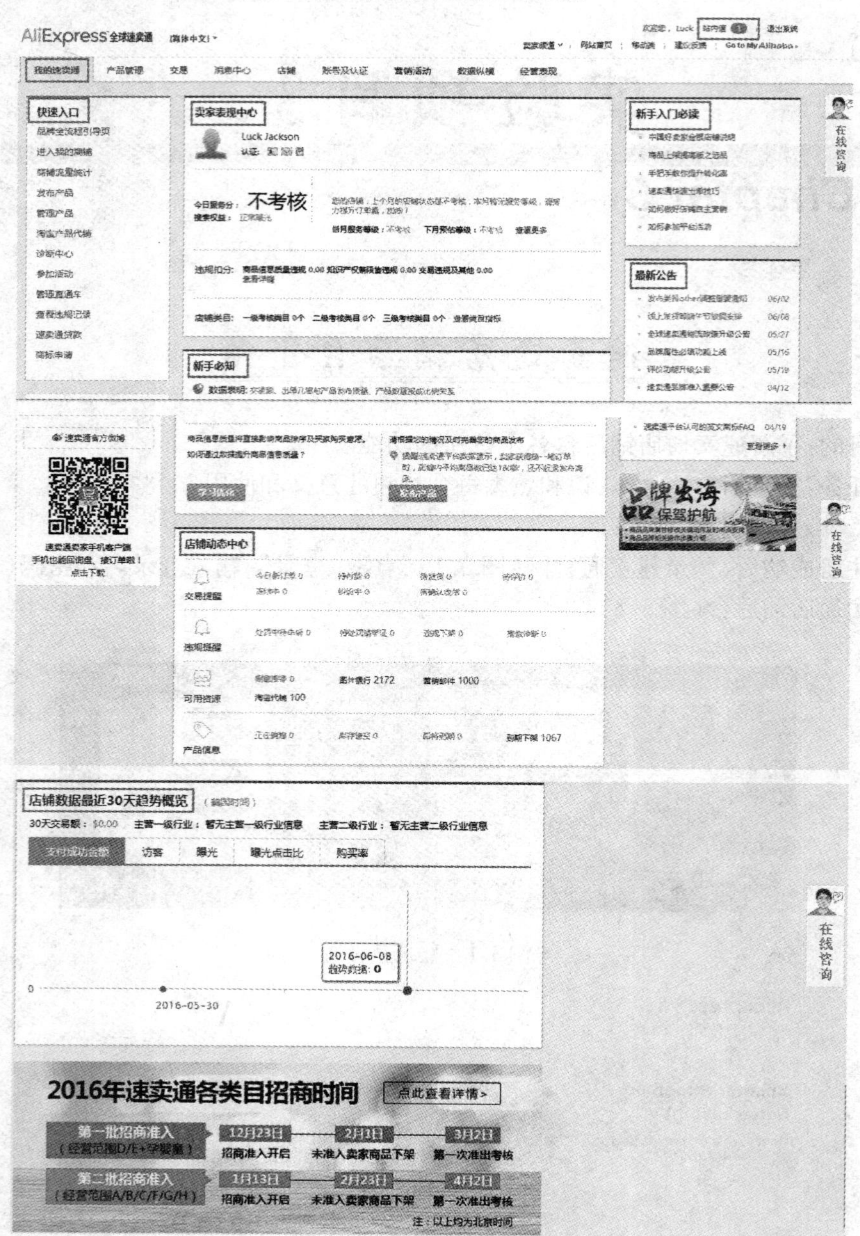

图 3.3　速卖通店铺后台

店铺后台主要包括我的速卖通、快速入口、卖家表现中心、新手入门必读、新手必知、最新公告、店铺动态中心和店铺数据最近 30 天趋势概览等模块。

3.1　我的速卖通

我的速卖通包含 8 个选项卡，分别是产品管理、交易、消息中心、店铺、账号及认证、营销活动、数据纵横和经营表现，如图 3.4 所示。每点击一个选项卡，对应左侧侧边栏会出现相应的变化。

图 3.4　我的速卖通

3.1.1　产品管理

点击“产品管理”选项卡，会出现对应的相关产品信息，如图 3.5 所示，“草稿箱”显示王在编辑的要上传的产品，“审核中”显示已经上传的商品，等待平台审核，如产品存在侵权等问题会显示在“审核不通过”中，点击后可以知道上传的哪些商品未通过审核，“已下架”指曾经已经销售的产品信息，“正在销售”指店铺中正在销售的商品。每点击一个按钮会出现相对应的信息，如在图 3.5 中点击“已下架”，显示已经下架产品信息，可查询产品类型、产品分组、产品负责人、产品下架原因及库存量等信息，也可对已下架产品重新操作，如重新上架、重新分组、重新分配负责人等。

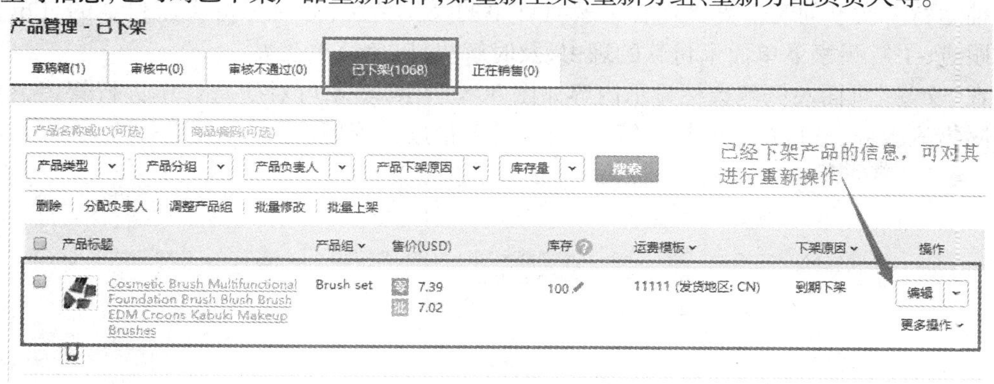

图 3.5　产品管理

点击左侧边栏按钮，可进行发布产品、管理产品、橱窗推荐产品、产品分组、商品诊断以及货源选择等操作。

图 3.6 “产品管理”左侧边栏按钮

3.1.2 交 易

点击“交易”选项卡,显示我的订单状态,如图 3.7 所示,“我的订单”栏包括三项:分别是特别关注、等待卖家操作的订单和等待买家操作的订单。每天的新订单是卖家要特别关注的,需要及时的处理。卖家需要查看是否有货没发、是否有要取消的和有纠纷的订单,是否有留言未处理,对于订单里的有关各项是跨境电商运营人员每天必须及时处理的内容,以免影响店铺运营。卖家同时也需要查看买家对订单的操作情况,如有等待买家付款的订单,需要及时跟进,了解买家下单而未付款的理由,及时解决,以免订单丢失。

在“交易”页面左侧侧边栏显示内容如图 3.8 所示,卖家可对所有订单进行管理,也可了解国际物流服务、进行资金账户的管理,对交易评价进行管理。

我的订单

特别关注: 今日新订单(0)

等待您操作的订单: 等待您发货(0) 买家申请取消订单(0) 有纠纷的订单(0) 未读留言(0) 等待卖家验款(0) 等待您留评(0) 等待放款的订单(0)

等待买家操作的订单: 等待买家付款(0) 等待确认收货订单(0)

产品名称: 订单号: 下单时间: MM/DD/YYYY

买家名称: 运单号: 订单状态: 全部订单 搜索

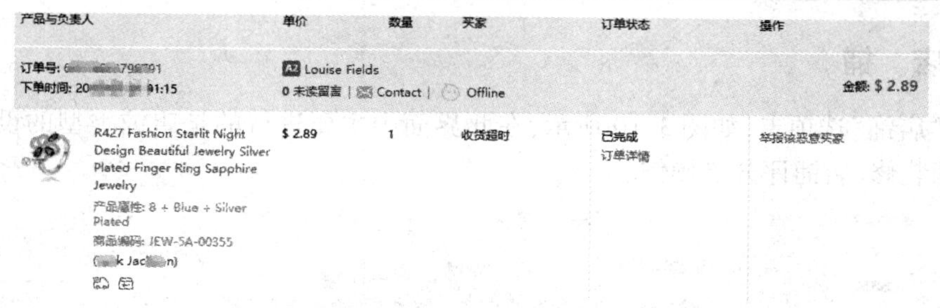

图 3.7　我的订单状态

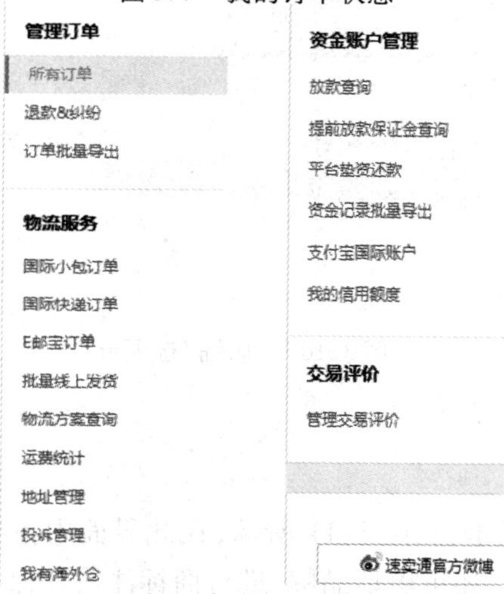

图 3.8　“交易”左侧边栏按钮

3.1.3　消息中心

点击“消息中心”选项卡，如图 3.9 所示，消息中心主要处理站内信和订单留言，对于买家的留言进行回复。

图 3.9　消息中心

3.1.4 店 铺

点击“店铺”选项卡，如图 3.10 所示，在此界面中主要进行的是店铺类型的设定、店铺的名称、店铺装修、店铺评分等操作。

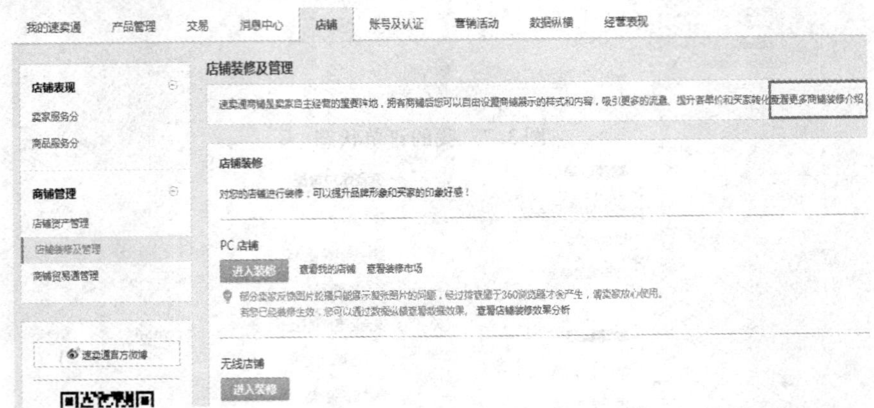

图 3.10 “店铺”选项卡

3.1.5 账号及认证

点击“账号及认证”选项卡，如图 3.11 所示，在此界面中主要可以进行账户设置，管理子账号、修改账户信息等操作。还可申请品牌，进行商标注册和保护，选择店铺类型等。

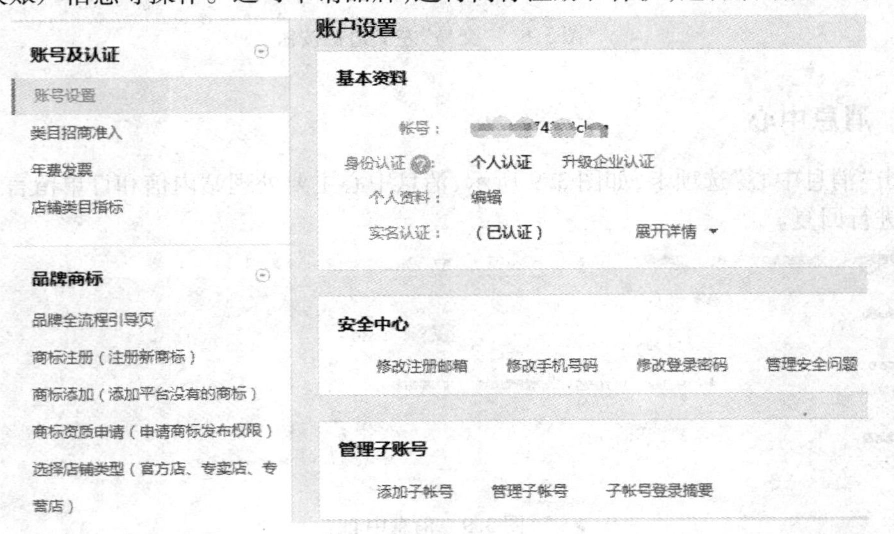

图 3.11 “账号及认证”选项卡

3.1.6　营销活动

点击“营销活动”选项卡，如图3.12所示，在此界面中可以参加平台的营销活动，进行联盟营销，开通直通车。通过活动公告可知平台开通活动的时间。参加营销活动可以提高支付转化率，尽快出单。

图3.12　“营销活动”选项卡

3.1.7　数据纵横

点击“数据纵横”选项卡，如图3.13所示。

数据纵横的主要功能是进行数据分析，数据均为平台最新的数据，通过数据分析可进行选品、分析店铺、分析经营的表现等，通过数据分析能够使店铺经营得更好。

3.1.8　经营表现

点击“经营表现”选项卡，如图3.14所示，能够看到商品违规、知识产权侵权、交易违规及被投诉的情况。

图 3.13 “数据纵横”选项卡

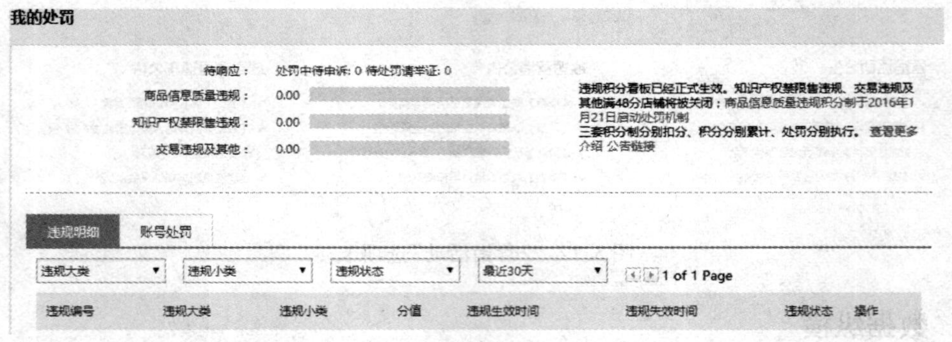

图 3.14 “经营表现”选项卡

3.2 快速入口

3.2.1 品牌全流程引导页

通过图 3.15 了解品牌注册的相关信息。

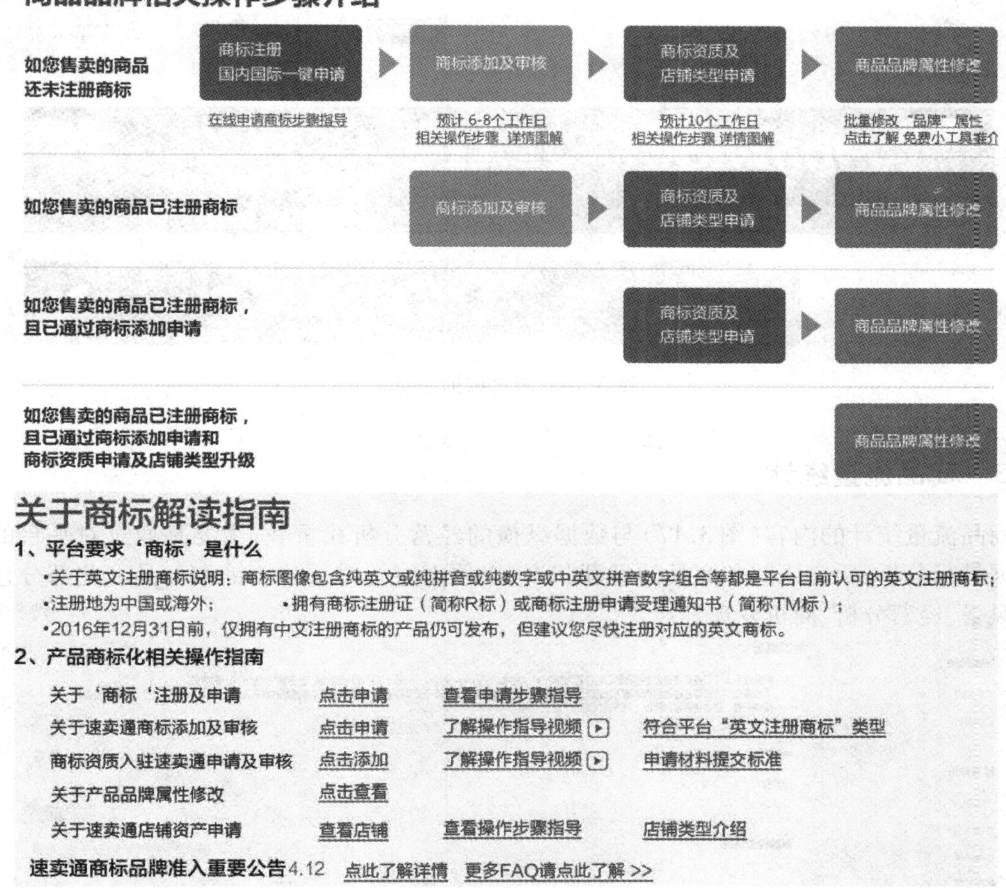

图 3.15　商品品牌注册的相关信息

3.2.2　进入我的店铺

进行店铺装修、上传商品后，点击“进入我的店铺”即可浏览店铺信息（图 3.16），即展示给买家看的店铺。

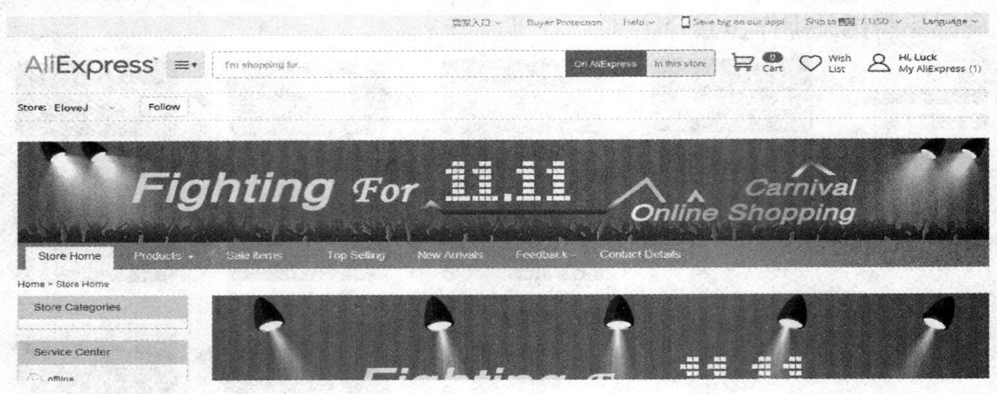

图 3.16　浏览店铺信息

3.2.3　商品流量统计

商品流量统计的内容(图 3.17)与数据纵横的经营分析相重叠,主要是通过对平台的经营数据进行分析,反应店铺和商品的经营状况,以便卖家及时调整店铺和商品。此部分包括实时风暴、经营分析、商机发现等模块。

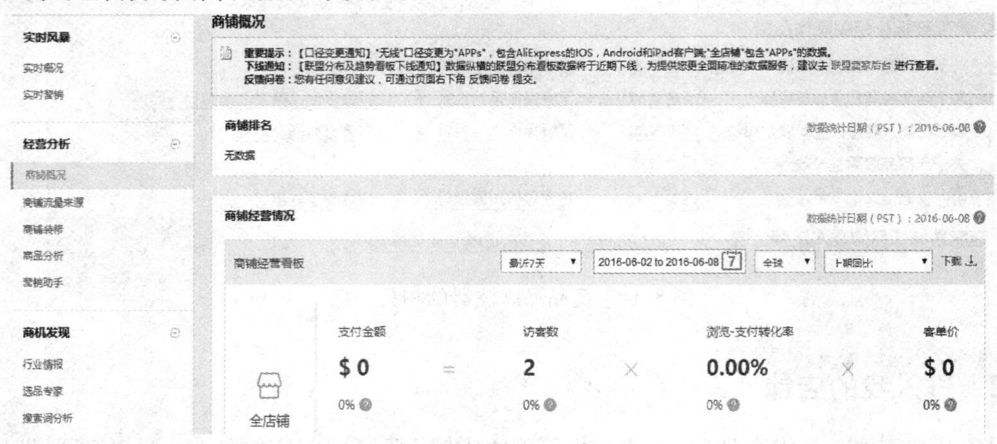

图 3.17　商品流量统计

通过“实时概况”(图 3.18)了解店铺的实时信息,如店铺的浏览量、访客数、订单情况等。

“经营分析”(图 3.19)主要是对店铺的经营状况、店铺核心指标、商品销售状况等指标进行数据分析,数据资料可下载。

图 3.18　实时概况

图 3.19　经营分析

3.2.4　淘宝产品代销

如图 3.20 所示，从淘宝选品，并上传到速卖通店铺，但应注意产品不得侵权。

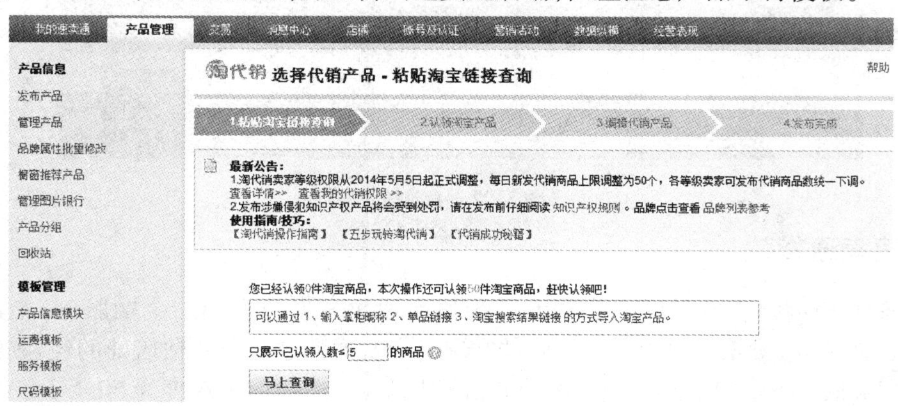

图 3.20　从淘宝选品

3.2.5 诊断中心

诊断中心(图 3.21)主要针对上传的商品状况进行诊断,比如是否有重复铺货,商品的类目是否正确,商品的属性是否选错等。

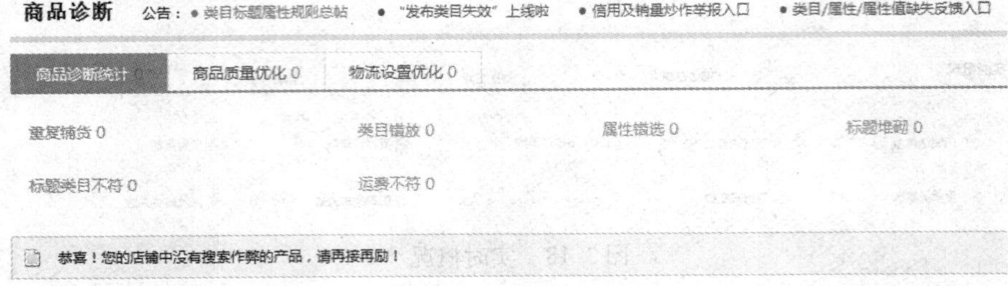

图 3.21 诊断中心

3.2.6 管理直通车

直通车(图 3.22)是提升产品平台展示排名的一把利器,是打造爆款的最有效工具,直通车可以快速聚拢流量,是新店铺引流的最好选择,直通车与店铺活动一起使用,使店铺达到“1+1 > 2”的效果。开通直通车后,产品展示是免费的,如买家点击浏览需扣费。

图 3.22 直通车

3.2.7 速卖通贷款

速卖通贷款(图 3.23)是阿里集团专门为速卖通卖方量身定制的金融服务,尤其是“双11”期间,发货量大,卖家会出现资金紧张的状况。速卖通通过综合评估店铺的经营状况为卖家提供信用额度,无须任何抵押和担保,真正凭信用贷款,最高信用额度为 50 万元,全程在线操作,速度快,可分期还款。

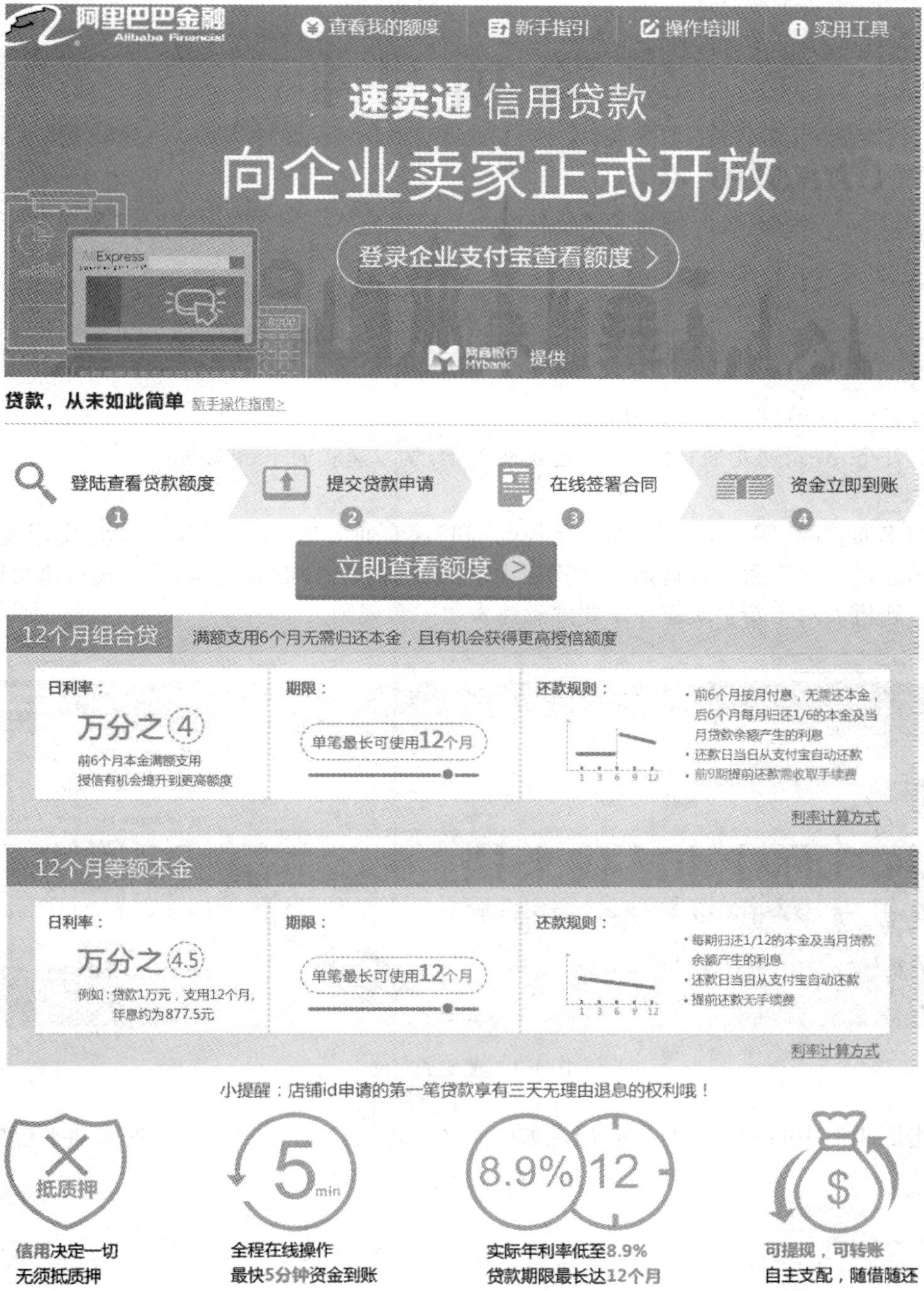

贷款，从未如此简单 新手操作指南>

登陆查看贷款额度 ❶　提交贷款申请 ❷　在线签署合同 ❸　资金立即到账 ❹

立即查看额度

12个月组合贷　满额支用6个月无需归还本金，且有机会获得更高授信额度

日利率：	期限：	还款规则：
万分之4 前6个月本金满额支用 授信有机会提升到更高额度	单笔最长可使用12个月	· 前6个月按月付息，无需还本金，后6个月每月归还1/6的本金及当月贷款余额产生的利息 · 还款日当日从支付宝自动还款 · 前9期提前还款需收取手续费

利率计算方式

12个月等额本金

日利率：	期限：	还款规则：
万分之4.5 例如：贷款1万元，支用12个月，年息约为877.5元	单笔最长可使用12个月	· 每期归还1/12的本金及当月贷款余额产生的利息 · 还款日当日从支付宝自动还款 · 提前还款无手续费

利率计算方式

小提醒：店铺id申请的第一笔贷款享有三天无理由退息的权利哦！

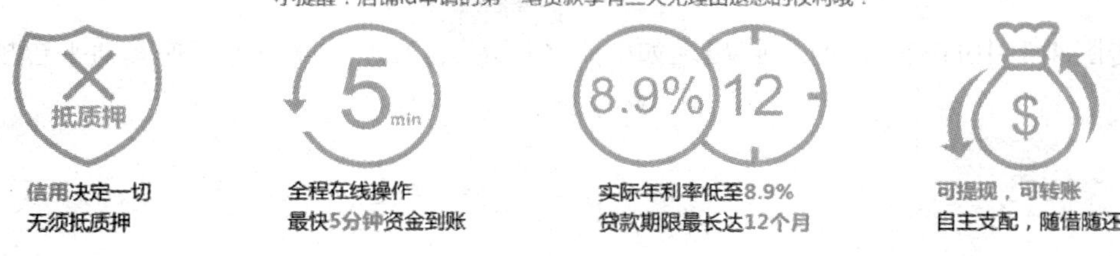

图 3.23　速卖通贷款

实验项目 4

Chapter 4

速卖通平台规则

实验目的:了解速卖通平台规则。

实验任务:登录速卖通官网,点击速卖通大学,学习速卖通平台规则。

在速卖通官网(图 4.1),有“速卖通规则”和“速卖通大学”两个选项卡,“速卖通规则”是用文字描述说明速卖通平台规则,“速卖通大学”是速卖通讲师通过视频的方式对速卖通平台规则进行解析。对于新手卖家一定要熟悉速卖通平台规则。

图 4.1　速卖通官网

点击图 4.1 中的“速卖通规则”出现如图 4.2 所示页面,点击即可了解速卖通平台规则。

图4.2　速卖通规则

如文字描述理解困难也可点击“速卖通大学”→“点播学习”→“课程类目”→“平台认知”→“平台规则”(图4.3),出现相关规则的视频学习资料,可以进行视频学习(图4.4)。

图 4.3　选择视频学习步骤

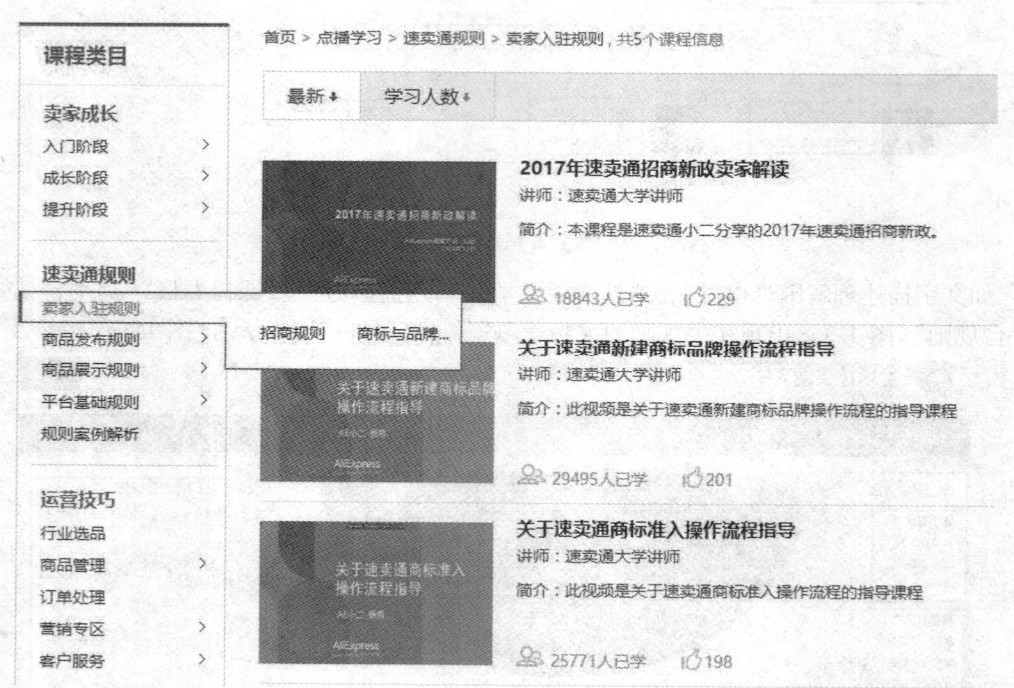

图 4.4　视频学习

4.1　注册规则

4.1.1　账号注册

只有中国大陆的卖家才可在速卖通注册卖家账户，其他国家或地区的卖家需速卖通事先同意方可注册。大陆卖家需使用邮箱注册，注册使用的邮箱必须是注册人本人的邮箱，速卖通有权对该邮箱进行验证。注册的店铺名称中不得包含违反国家法律法规、涉嫌侵犯他人权利或干扰速卖通运营秩序等相关信息。速卖通卖家不得以任何方式转让、出租或出借会员账户，如有相关行为的，由此产生的一切责任均由会员自行承担，并且速卖通有权关闭该速卖通账户。速卖通卖家需通过支付宝实名认证、身份证认证或速卖通要求的其他认证，一旦卖家通过认证，则不论其速卖通账户状态开通与否，不得以个人身份信息取消绑定。一个通过企业认证的会员仅能拥有 6 个可出售商品的速卖通账户（速卖通账户所指为主账户）（特殊情况除外）。选择了企业认证，将决定速卖通店铺性质设为企业，并确定该速卖通账户的权责承担主体。

中国大陆卖家不得利用虚假信息在速卖通注册海外买家账户。如速卖通有合理依据怀疑中国大陆卖家利用虚假信息在速卖通注册海外买家账户，速卖通有权关闭买家会员账户。

4.1.2　账号关闭

以下几种情况账号将被关闭：账户主动退出或被准出速卖通平台不再经营的，平台将对店铺执行释放；若账户在平台不经营时间超过一年，平台保留关闭账号的权利；速卖通有权终止、收回未通过身份认证或连续一年未登录速卖通或 TradeManager 的账户；用户在速卖通的账户因严重违规被关闭,不得再重新注册账户;如被发现重新注册了账号,速卖通将关闭该会员账户。

4.2 产品发布规则

4.2.1 经营规则

1. 实名认证

卖家会员首先要进行企业实名认证,需将其账户与通过企业实名认证的支付宝账户绑定,提供真实有效的姓名地址或营业执照等信息,进行收款账户设置,完成经营大类准入缴费,通过类目商标资质申请,并上传商品后自动开通店铺。

2. 开店入驻限制

(1)店铺数量限制。

同一企业主体仅能拥有六个可出售商品的速卖通账户(速卖通账户所指为主账户)(特殊情况除外),同一企业主体在一个经营大类下只允许开三家店铺(特殊情况除外)。

(2)店铺内商品数量限制。

一个店铺内在线商品数量上限为 3 000 个;特殊类目(Special Category)下每个类目商品数量有上限(具体以卖家后台产品发布端为准)。

(3)品牌入驻限制。

不可入驻的品牌包括:与速卖通已有的品牌、频道、业务、类目等相同或近似;包含行业名称或通用名称或行业热搜词的品牌;包含知名人士、地名的品牌;与知名品牌相同或近似的品牌;纯图形商标。

(4)品牌终止。

已经入驻的品牌出现下列情况者,平台将终止该品牌商品在平台销售,具体有生产商不具备该品牌商品生产资质,或生产的商品不符合国家、地方、行业、企业强制性标准;该品牌经判定对他人商标、商品名称、包装和装潢、企业名称、产品质量标志等构成仿冒或容易造成消费者混淆、误认的。该品牌经营期间严重影响消费者体验的,但不限于品牌经营者存在严重售假、产生严重售后投诉,平台保留清退该品牌及品牌经营权限的权利。

(5)账号重新入驻速卖通限制。

售假、资质造假等被速卖通清退的,永久限制入驻;在经营期间由于“服务指标”考核不达标被清退或中途退出经营大类的,在同一年度内将无法再次申请加入该经营大类。

3. 实时划扣交易佣金

商家在速卖通经营需要按照其订单销售额的一定百分比缴纳佣金。速卖通各类目交易佣金标准不同,部分类目为订单金额的 8%,部分类目为订单金额的 5%。同时,速卖通将根据行业发展动态等情况不定期调整佣金比例,届时将以网站公告或站内信方式通知卖家。佣金为订单金额 8% 的商品类目有服装配饰、箱包、流行饰品、手表、美容美发、情趣用品、母婴玩具、家居家装、灯具、运动 & 娱乐、旅游及代金券;佣金为订单金额 5% 的商品类目有鞋类、精品珠宝、婚纱礼服、家具、3C 数码。

4.2.2　禁售、限售规则

卖家会员账户通过身份实名认证和收款账户设置后可发布商品，但发布及上架商品满 10 个方可创建店铺，一旦上架商品少于 10 个，速卖通有权关闭店铺，只保留商品。

平台禁止发布任何含有禁售、限售商品的信息。速卖通平台禁止发布违禁商品；限售商品指发布商品前需取得商品销售的前置审批、凭证经营或授权经营等许可证明，否则不允许发布；速卖通平台不支持发布不适宜速递的商品信息。速卖通禁止发布违禁、限售和不适宜速递的商品主要包括以下几类：枪支、军警用品、危险武器类；毒品、易制毒化学品、毒品工具类；易燃易爆、危险化学品类；反动等破坏性信息类；色情低俗、催情用品类；涉及人身安全、隐私类；药品、医疗器械、美容仪器类；非法服务、票证类；动植物、动植物器官及动物捕杀工具类；烟草及制品、电子烟类；涉及盗取等非法所得及非法用途软件、工具或设备类等（详见《全球速卖通禁限售商品目录》，进入速卖通官网，点击速卖通规则即可找到，网址为：http://activities.aliexpress.com/adcms/seller－aliexpress－com/education/rules/post001.php）。

对于违反销售《全球速卖通禁限售违禁信息列表》内商品的卖家会受到速卖通的处罚，具体处罚标准参见表 4.1。

表 4.1　违反销售《全球速卖通禁限售违禁信息列表》内商品的处罚标准

处罚依据	行为类型	积分处罚	其他处罚
《禁限售规则》	发布禁限售商品	严重违规：48 分/次（关闭账号）	①退回/删除违规信息 ②若核查到订单中涉及禁限售商品，速卖通将关闭订单，如买家已付款，无论物流状况均全额退款给买家，卖家承担全部责任
		一般违规：0.5～6 分/次（1 天内累计不超过 12 分）	

4.2.3　知识产权规则

知识产权是人类智力活动的成果，是一种财产权，知识产权包括工业产权和著作权，工业产权包括商标权、专利权、实用新型、外观设计、产地标识等。阿里巴巴尊重和保护知识产权，在阿里巴巴平台发布销售品牌产品信息，需先提供销售品牌合法权利证明，卖家有责任确保上传的产品并没有侵犯任何第三方的合法权益。全球速卖通平台严禁用户未经授权发布、销售涉嫌侵犯第三方知识产权的商品，一旦卖家发布、销售涉嫌侵犯第三方知识产权的商品，则有可能被知识产权所有人或者买家投诉，平台也会随机对商品（包含下架商品）信息进行抽查，若涉嫌侵权，则信息会被退回或删除。投诉成立或者信息被退回/删除，卖家会被扣以一定的分数，一旦分数累计到达相应节点，平台会执行处罚。知识产权侵权行为主要包括三种类型：商标侵权、专利侵权、著作权侵权，具体内容及处罚见表 4.2 和表 4.3。

表 4.2 侵权行为类型

侵权行为类型	定义
商标侵权	未经商标权人的许可,在商标权核定的同一或类似的商品上使用与核准注册的商标相同或相近的商标的行为,以及其他法律规定的损害商标权人合法权益的行为
专利侵权	未经专利权人许可,以生产经营为目的,实施了受法律保护的有效专利的违法行为
著作权侵权	未经著作权人同意,又无法律上的依据,使用他人作品或行使著作权人专有权的行为,以及其他法律规定的损害著作权人合法权益的行为

表 4.3 侵权处罚规则

侵权行为类型	定义	处罚规则
商标侵权	严重违规:未经商标注册权人许可,在同一商品上使用与其注册商标相同或相似的商标	三次违规者关闭账号;侵权情节特别严重者直接关闭账号
	一般违规:其他未经权利人许可使用他人商标的情况	首次违规扣 0 分,其后每次重复违规扣 6 分,累计达 48 分者关闭账号
专利侵权	外观专利、实用新型专利、发明专利的侵权情况	首次违规扣 0 分,其后每次重复违规扣 6 分,累计达 48 分者关闭账号(严重违规情况,三次违规者关闭账号)
著作权侵权	严重违规:未经著作权人许可,复制图书、电子书、音像作品或软件	三次违规者关闭账号;侵权情节特别严重者直接关闭账号
	一般违规:其他未经权利人许可使用他人著作权的情况	首次违规扣 0 分,其后每次重复违规扣 6 分,累计达 48 分者关闭账号

备注:

1. 速卖通会按照侵权商品投诉被处理或速卖通平台抽样检查时的状态,根据相关规定对相关卖家实施适用处罚
2. 同一天内所有一般违规,包括所有投诉及速卖通平台抽样检查,扣分累计不超过 6 分
3. 同一天内所有严重违规,包括所有投诉及速卖通平台抽样检查,只会做一次违规计算;三次严重违规者关闭账号
4. 违规处罚包括但不限于退回商品/信息及/或删除商品/信息
5. 每项违规行为由处罚之日起有效 365 天
6. 针对会员侵权情节特别严重的行为,速卖通除直接关闭账号外,冻结关联支付宝账户资金,其中原因包括以确保消费者或权利人在行使投诉、举报、诉讼等救济权利时,其合法权益得以保障
7. 会员因侵权行为被司法机关立案或调查,速卖通有权配合司法机关对会员账户采取管理措施,包括但不限于关闭账号及其关联账号,冻结关联支付宝账户资金,其他速卖通认为合适的措施等,直至案件办理终结及/或速卖通认为合适为止
8. 速卖通保留以上处理措施等的最终解释权及决定权,也会保留与之相关的一切权利

说明:(1)限制发布商品,指禁止全球速卖通会员发布新商品及编辑原有商品的处罚措施;

(2)冻结账户,指下架店铺内所有出售中的商品,限制发布商品的处罚措施;

(3)关闭账户,指删除速卖通会员的账户,下架店铺内所有出售中的商品,禁止发布商品,并禁止创建店铺的处罚措施。

4.2.4 搜索排序规则

5个因素会影响速卖通平台产品的排序,一是商品的质量信息描述,二是商品与买家搜索需求的相关性,三是商品的交易转化能力,四是卖家的服务能力,五是使用搜索作弊。

平台要求商品信息描述要真实、准确、完整,将商品的真实信息向买家描述,一旦虚假描述会影响商品的排名,如被买家投诉直接会影响商品搜索排序。

商品与买家搜索需求的相关性包括类目、标题和属性。速卖通买家按照类目搜索商品,如果类目填写错误,买家搜索不到商品,相当于卖家自我屏蔽了发布的商品,同时归类错误会受到平台的处罚;标题的填写尽量语法简单、重点突出,用简单关键词构成标题即可;商品的属性包括必填属性、关键属性、普通属性和自定义属性,发布商品时商品属性需填写完整、正确,属性缺失会降低商品曝光量,影响商品排名。

商品转化率高说明买家需求高,有竞争优势,则商品的排名就会靠前,相反排名靠后,转化率的高低对搜索权重的影响非常大,故尽量避免无效浏览的流入。

卖家的服务能力体现指标有4个,包括卖家的服务响应能力(旺旺在线时长)、订单的执行情况(成交不卖率)、订单纠纷情况(纠纷率)和卖家的好评率。卖家的服务能力强,所搜排名会靠前,相反会靠后。

搜索作弊主要包括以下几种:类目错放、属性错选、标题堆砌、黑五类特殊商品错放、标题类目不符、重复铺货、广告商品、描述不符、价格超低或超高、计量单位作弊、运费不符等。类目错放是指商品的实际类目与发布商品时所选择的类目不一样,比如手机充电器放到化妆包类,类目一旦错放,平台会将其排名靠后作为处罚,并计入搜索作弊违规商品总数;属性错选是指用户发布商品时,类目选择正确,但选择的属性与商品的实际属性不一致的情形;标题堆砌是指在商品标题中出现关键词使用多次的行为;黑五类商品错放是指订单链接、运费补差价链接、赠品、定金、新品预告等商品作为特殊商品存在于网站上面,但没有按规定放置到指定的特殊发布类目中;标题类目不符是指商品类目或者标题中部分关键词与实际销售产品不相符;计量单位作弊是指发布商品时,将计量单位设置成与商品常规销售方式明显不符的单位,或将标题、描述里的包装物亦作销售数量计算,并将产品价格平摊到包装物上,误导买家的行为;商品超低价是指卖家以较大偏离正常销售价格的低价发布商品,在默认和价格排序时,吸引买家注意,骗取曝光;商品超高价是指卖家以较大偏离正常销售价格的高价发布商品,在默认和价格排序时,吸引买家注意,骗取曝光;SKU作弊是指卖家以刻意规避商品SKU设置规则,滥用商品属性(如套餐,配件等)设置过低或者不真实的价格,使商品排序靠前(如价格排序)的行为,或者在同一个商品的属性选择区放置不同商品的行为;运费不符是指卖家在标题及运费模板等处设置的运费低于实际收取的运费的行为;更换商品是指通过对原有商品的标题、价格、图片、类目、详情等信息的修改发布其他商品(含产品的更新换代,新产品应选择重新发布),对买家的购买造成误导,但如修改只涉及对原有产品信息的补充、更正,而不涉及产品更换,则不视为"更换产品"的行为;信用及销量炒作是指通过非正常交易手段提高商品销量及信用的行为,借此以获得更高的曝光,对正常经营的卖家造成不正当竞争,同时也对海外买家选购产生误导,严重扰乱市场秩序。

违反搜索作弊规则的处罚措施见表4.4。

表4.4

违规行为类型	处罚方式
类目错放	1. 违规商品给予搜索排名靠后或下架删除的处罚 2. 系统核查到搜索作弊商品将在产品管理→商品诊断中展示,请卖家关注并整改。同时在商品诊断统计中展示的六类违规行为(类目错放、属性错选、重复铺货、运费不符、标题类目不符、标题堆砌)纳入商品信息质量违规积分体系,根据违规商品数系统自动进行每日扣分 违规商品数在[1,50) 之间,不扣分 违规商品数在[50,500)之间,0.2 分/天 违规商品数在500及以上,0.5 分/天 3. 在系统自动扣分基础上,根据卖家搜索作弊行为的严重程度对整体店铺给予搜索排名靠后或屏蔽的处罚; 同时情节特别严重的,平台将依据严重扰乱市场秩序规则保留扣分冻结或直接关闭的处罚 注:对于更换商品的违规行为,平台将增加清除该违规商品所有销量记录的处罚
属性错选	
标题堆砌	
黑五类商品错放	
重复铺货	
广告商品	
描述不符	
计量单位作弊	
商品超低价	
商品超高价	
运费不符	
更换商品	
SKU 作弊	
标题类目不符	
信用及销量炒作	

4.3 交易规则

4.3.1 成交不卖与虚假发货

成交不卖是指买家对订单付款后,卖家逾期发货或因卖家原因导致取消订单的行为。一般情况下卖家价格设置错误或者未考虑运费因素时会发生成交不卖的行为。发生逾期发货时，系统会发邮件提示。如发生成交不卖行为平台会根据成交不卖率给予不同程度的处罚，比如下架不发货产品、整个店铺搜索排名靠后、对店铺进行评比、冻结账户，甚至关闭账户的处理。

虚假发货指在规定的发货期内，卖家填写的货运单号无效或虽然有效但与订单交易明显无关，误导买家或全球速卖通平台的行为。如货运单号是假的或者是与这笔交易无关的货运单号等。一旦虚假发货立案，可进行申诉。存在虚假发货行为平台会根据严重性进行相应的处罚。是否存在成交不卖或虚假发货，被投诉或受到平台处罚可在经营表现→我的案件中查询，如图4.5所示。如发生违规行为，处罚措施见表4.5。

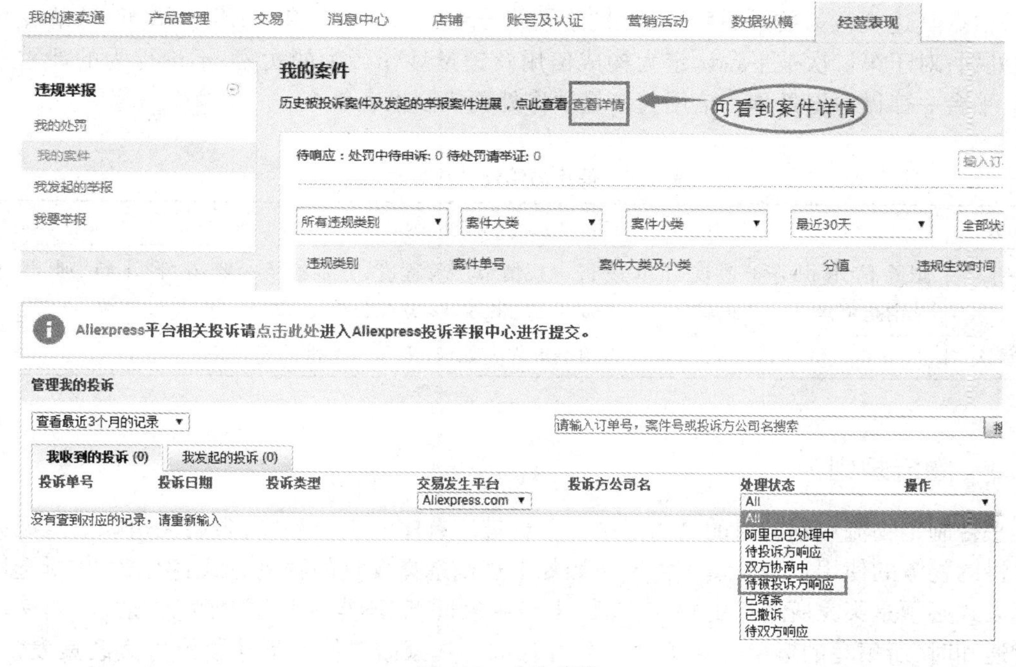

图4.5　查询案件

表4.5　违规处罚措施

违规情形	处罚措施
虚假发货一般违规	2分/次
虚假发货严重违规	12分/次

说明：速卖通平台将根据卖家违规行为情节严重程度进行扣48分的判定。同时，被平台认定为虚假发货的，不论是虚假发货一般违规还是严重违规，平台都将立即关闭该笔订单，并将订单款项退还买家，由此导致的责任由卖家承担

严重违规的情形包括:虚假发货订单金额较大;买卖双方恶意串通,在没有真实订单交易的情况下,通过虚假发货的违规行为误导速卖通平台放款;多次发生虚假发货。

4.3.2 信用与销量炒作

信用与销量炒作是指通过不正当方式提高账户信用积分或商品销量,妨害买家高效购物权益的行为。比如卖方与买方串通进行多次重复下单,或者卖方雇佣第三方公司进行下单,即所谓的刷单。对于被平台认定为构成信用及销量炒作行为的卖家,平台将删除其违规信用积分及销量记录且进行搜索排序靠后的处罚,对信用及销量炒作行为涉及的订单进行退款操作,并根据其违规行为的严重程度,分别给予 6 分/次、12 分/次、24 分/次、48 分/次或直接清退的处罚;对于第二次被平台认定为构成信用及销量炒作行为的卖家,不论行为的严重程度如何,平台一律做清退处理。信用与销量炒作处罚机制见表 4.6。

表 4.6　信用与销量炒作处罚机制

次数	处罚机制			
首次	删除信用积分及销量记录	违规订单进行退款	视情节严重程度,分别给予一般:6 分/次;中等,12 分/次;严重,24 分/次	特别严重,48 分/次
非首次	不论行为的严重程度如何,平台一律做清退处理			

4.3.3 物流规则

平台制定物流规则的目的是为了维护平台健康有序的市场秩序,限制无追踪信息或投递时效慢的物流的使用行为。卖家需要按照如下规则选择发货的物流方式:卖家发货所选用的物流方式必须是买家所选择的物流方式,未经买家同意,不得无故更改物流方式。卖家填写发货通知时,所填写的运单号必须真实并可查询。卖家需要按照下述物流方案政策发货:根据物流政策,卖家需及时调整运费模板设置,在填写发货通知时需准确选择“物流服务名称”并填写“货运跟踪号”。卖家可以在卖家后台“产品管理→诊断中心→商品诊断→物流设置优化”查看需要调整运费模板的商品。发往美国的货物最好的选择就是 e 邮宝,一般情况下 20 天到货。物流选择见表 4.7。

表 4.7　物流选择

收货国家	订单实际支付金额	物流服务等级							
		经济类		简易类		标准类		快速类	
		线下发货	线上发货	线下发货	线上发货	线下发货	线上发货	线下发货	线上发货
俄罗斯	>5 美金	不可用	不可用	不可用	不可用	可用	可用	可用	可用
	≤5 美金且 >2 美金	不可用	不可用	不可用	可用	可用	可用	可用	可用
	≤2 美金	不可用	可用	不可用	可用	可用	可用	可用	可用
美国	>5 美金	不可用	不可用	—	—	E 邮宝、AliExpress 无忧物流 - 标准可用,其他不可用(E 邮宝不支持寄送的特殊类目除外)		可用	可用
	≤5 美金	不可用	可用	—	—	可用	可用	可用	可用
西班牙	>5 美金	不可用	不可用	不可用	不可用	AliExpress 无忧物流 - 标准可用,其他不可用(无忧物流不支持寄送的特殊类目除外)		可用	可用
	≤5 美金	不可用	中外运西邮经济小包可用,其他不可用	不可用	可用	可用	可用	可用	可用
法国、荷兰、智利	>5 美金	不可用	不可用	—	—	AliExpress 无忧物流 - 标准可用,其他不可用(无忧物流不支持寄送的特殊类目除外)		可用	可用
	≤5 美金	不可用	可用	—	—	可用	可用	可用	可用
巴西、乌克兰、白俄罗斯	所有订单	不可用	不可用	—	—	可用	可用	可用	可用
其他国家	>5 美金	不可用	不可用	—	—	可用	可用	可用	可用
	≤5 美金	不可用	可用	—	—	可用	可用	可用	可用

物流分类如图 4.6 所示。

物流服务等级	服务说明	物流方案	
		中文名称	英文名称
经济类物流	物流运费成本低，发件物流追踪信息可查询，但目的国包裹妥投信息不可查询，仅适合运送货值低重量轻的商品	中国邮政平常小包+（仅限线上发货）	China Post Ordinary Small Packet Plus
		4PX新邮经济小包（仅限线上发货）	4PX Singapore Post OM Pro
		速优宝芬邮经济小包（仅限线上发货）	Posti Finland Economy
		中外运-西邮经济小包（仅限线上发货）	Correos Economy
		中外运-英邮经济小包（仅限线上发货）	Royal Mail Economy
		燕文航空经济小包（仅限线上发货）	Yanwen Economic Air Mail

常用

物流服务等级	服务说明	物流方案	
		中文名称	英文名称
标准类物流	包含邮政挂号服务和专线类服务，全程物流追踪信息可查询	AliExpress无忧物流-标准（仅开通权限卖家可使用）	AliExpress Standard Shipping
		e邮宝	ePacket
		中国邮政挂号小包	China Post Registered Air Mail
		中国邮政大包	China Post Air Parcel
		香港邮政挂号小包	HongKong Post Air Mail
		香港邮政大包	HongKong Post Air Parcel
		新加坡邮政挂号小包	Singapore Post
		瑞典邮政挂号小包	Sweden Post
		马来西亚邮政挂号小包	POS Malaysia
		芬兰邮政挂号小包	Posti Finland
		荷兰邮政挂号小包	PostNL
		瑞士邮政挂号小包	Swiss Post
		燕文航空挂号小包	Special Line-YW
		中外运-西邮标准小包	CORREOS PAQ 72
		中俄航空Ruston	Russian Air
		顺丰国际挂号小包	SF eParcel
		中东专线	Aramex
		139俄罗斯专线	139 ECONOMIC Package
		俄路通自提服务	CTR-LAND PICKUP
		DHL Global Mail	DHL Global Mail

常用

物流服务等级	服务说明	物流方案	
		中文名称	英文名称
快速类物流	包含邮政快递、商业快递，时效快全程物流追踪信息可查询，适合高货值商品使用	AliExpress无忧物流-优先（仅开通权限卖家可使用）	AliExpress Premium Shipping
		EMS	EMS
		E特快	e-EMS
		DHL	DHL
		UPS全球速快	UPS Express Saver
		UPS全球快捷	UPS Expedited
		Fedex IP	Fedex IP
		Fedex IE	Fedex IE
		TNT	TNT
		中俄快递-SPSR	Russia Express-SPSR
		DPEX	DPEX
		顺丰速运	SF Express

常用

图 4.6　物流分类

4.3.4　纠纷规则

卖家发货并填写发货通知后，买家如果没有收到货物或者对收到的货物不满意，可以在卖家全部发货 10 天后申请退款（若卖家设置的限时达时间小于 5 天则买家可以在卖家全部发货后立即申请退款），买家提交退款申请时纠纷即生成。

当买家提交或修改纠纷后，卖家必须在 5 天内“接受”或“拒绝”买家的退款申请，否则订单将根据买家提出的退款金额执行。如果卖家拒绝退款申请，或者买家第一次提起退款申请后 15 天内未能与卖家协商一致达成退款协议，则纠纷提交至速卖通进行裁决。若买家提起的退款申请原因是“未收到货 – 货物在途”，则系统会在限时达时限到达后自动提交速卖通进行裁决。纠纷提交速卖通进行纠纷裁决后的 2 个工作日内，速卖通会介入处理。

如果买卖双方协商达成一致，则按照双方达成的退款协议进行操作；如买卖双方达成退款协议且买家同意退货的，买家应在达成退款协议后 10 天内完成退货发货并填写发货通知，全球速卖通将按以下情形处理：买家未在 10 天内填写发货通知，则结束退款流程并交易完成；买家在 10 天内填写发货通知且卖家 30 天内确认收货，速卖通根据退款协议执行；买家在 10 天内填写发货通知，30 天内卖家未确认收货且卖家未提出纠纷的，速卖通根据退款协议执行；在买家退货并填写退货信息后的 30 天内，若卖家未收到退货或收到的货物货不对版，卖家也可以提交到速卖通进行纠纷裁决。

产生纠纷的原因一般有两种：一种是买家未收到货，买家未收到货的原因可能是卖家未发货或者货物在运输途中，也可能是被扣关；另一种是收到的货物与描述不符，在这两种情况下买家会提起纠纷。速卖通会根据裁决提取率和卖家责任裁决率对卖家店铺进行考核并做出相应的处罚，比如产生纠纷的订单款项暂时被冻结，最长可能延迟 15 天，产品在一定时间内禁止展示等。

在店铺的后台“交易→退款 & 纠纷”中可查看到纠纷状况，并进行相应处理（图 4.7）。

4.4　放款规则

4.4.1　放款时间

（1）速卖通根据卖家的综合经营情况（例如好评率、拒付率、退款率等）评估订单放款时间：

①在发货后的一定期间内进行放款，最快放款时间为发货 3 天后；

②买家保护期结束后放款；

③账号关闭的，且不存在任何违规违约情形的，在发货后 180 天放款。

（2）如速卖通依据合理证据判断订单或卖家存在纠纷、拒付、欺诈等风险的，有权视具体情况延迟放款周期，并对订单款项进行处理。

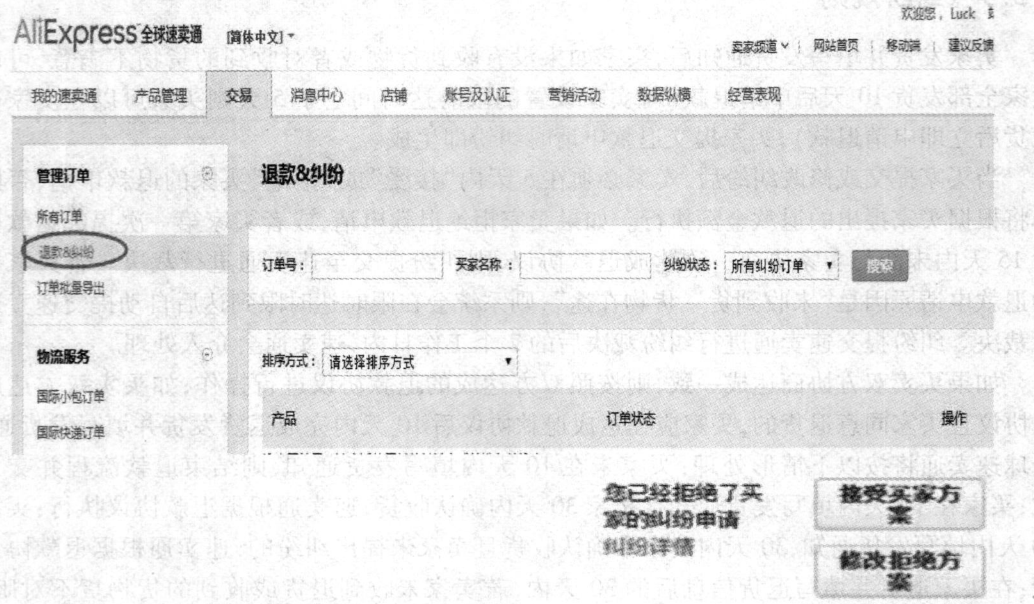

图 4.7　纠纷查询

4.4.2　放款方式

放款规则见表4.8。

表4.8　放款规则

账号状态	放款规则		
	放款时间	放款比例	备注
账号正常	发货3个自然日后（一般是3~5天）	70% ~97%	保证金释放时间见提前放款保证金释放时间表（表4.9）
		100%	
	买家保护期结束后	100%	买家保护期结束：买家确认收货/买家确认收货超时后15天
账号关闭	发货后180天	100%	无

提前放款保证金释放时间表见表4.9。

表4.9　提前放款保证金释放时间表

提前放款保证金释放时间表			
类型	条件		保证金释放时间
按照订单比例冻结的保证金	商业快递+系统核实物流妥投	无	交易结束当天
	1. 商业快递+系统未核实到妥投 2. 非商业快递	交易完成时间－发货时间≤30天	发货后第30天
		交易完成时间－发货时间为30~60天	交易结束当天
		交易完成时间－发货时间≥60天	发货第60天
固定保证金	账号被关闭	无	提前放款的订单全部结束（交易完成+15天）后，全额释放
	退出提前放款		
	提前放款不准入		

说明：商业快递包括UPS、DHL、FedEx、TNT和顺丰；物流妥投指运单号物流信息显示货物已被签收，且签收信息与订单信息相吻合，以平台系统核实到的物流妥投记录为准

在速卖通卖方后台的“交易→所有订单”可以查到等待放款的订单(图4.8)。点击申请放款,平台接受申请后,款项到达卖方支付宝账户。

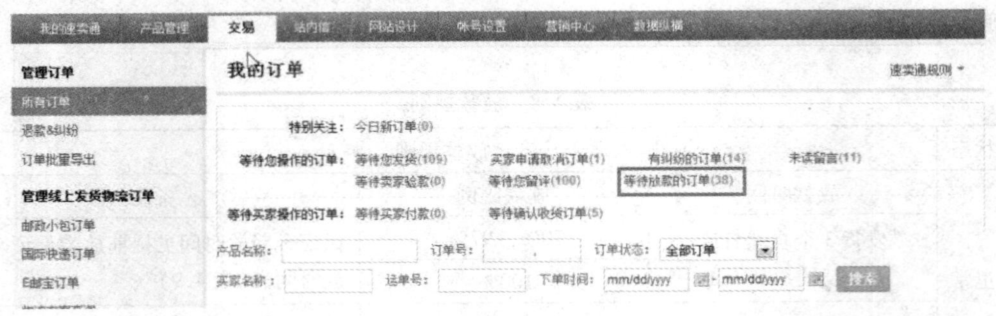

图4.8 查询等待放款的订单

4.5 评价规则

全球速卖通平台的评价分为信用评价及卖家分项评分两类。信用评价是指交易的买卖双方在订单交易结束后对对方信用状况的评价,包括五分制评分和评论两部分。卖家分项评分是指买家在订单交易结束后以匿名的方式对卖家在交易中提供的商品描述的准确性(Item as described)、沟通质量及回应速度(Communication)、物品运送时间合理性(Shipping speed)三方面服务做出的评价。信用评价买卖双方均可以进行互评,但卖家分项评分只能由买家对卖家做出。所有卖家全部发货的订单,在交易结束30天内买卖双方均可评价。

对于信用评价,如果双方都未给出评价,则该订单不会有任何评价记录;如一方在评价期间内做出评价,另一方在评价期间内未评的,则系统不会给评价方默认评价(卖家分项评分也无默认评价)。卖家对买家给予的中差评有异议的,可在评价生效后30日内联系买家,由买家对其评价自行修改;买家可在评价生效后30日内对自己做出的该次评价进行修改,但修改仅限于中差评改为好评,修改次数仅限1次。买家对卖家给予的中差评有异议的,可在评价生效后30日内联系卖家,由卖家对其评价自行修改;卖家可在评价生效后30日内对自己做出的该次评价进行修改,但修改仅限于中差评改为好评,修改次数仅限1次。买卖双方也可以针对自己收到的差评进行回复解释。

以下3种情况无论买家留差评或好评,仅展示留评内容,都不计算好评率及评价积分。

(1)成交金额低于5美元的订单。(成交金额明确为买家支付金额减去售中的退款金额,不包括售后退款情况)

(2)买家提起未收到货纠纷,或纠纷中包含退货情况,且买家在纠纷上升到仲裁前未主动取消。

(3)运费补差价、赠品、订金、结账专用链、预售品等特殊商品(简称“黑五类”)的评价。

除以上情况之外的评价,都会正常计算商品/商家好评率和商家信用积分。不论订单金额,都统一为:好评 +1,中评 0,差评 -1。

速卖通有权删除评价内容中包括人身攻击或者其他不适当的言论的评价。

卖家所得到的信用评价积分决定了卖家店铺的信用等级标志,具体标志及对应的积分见表4.10。

表4.10　信用评价等级及积分

等级	卖家	买家	积分
L1.1			3~9
L1.2			10~29
L1.3			30~99
L1.4			100~199
L1.5			200~499
L2.1			500~999
L2.2			1 000~1 999
L2.3			2 000~4 999
L2.4			5 000~9 999
L2.5			10 000~19 999
L3.1			20 000~49 999
L3.2			50 000~99 999
L3.3			100 000~199 999
L3.4			200 000~399 999
L3.5			400 000分以上

对于卖家分项评分,一旦买家提交,评分即时生效且不得修改。若买家信用评价被删除,则对应的卖家分项评分也随之被删除。

实验项目5

Chapter 5

选品与产品上传

实验目的:学会识别红海和蓝海产品,学会利用数据纵横进行选品并上传商品。

实验任务:

(1)下载某类产品的30天行业数据资料并分析。

(2)拟定一个“完美”的标题。

(3)合理定价。

5.1 选　品

选品的重要性不言而喻,就像射击打靶一样,瞄准才行。选品是最难的一项任务,一个店铺有没有拿得出手的商品,对于店铺的利润有着直接的影响,对店铺的生死存亡有着至关重要的关系。选品前学会识别红海、蓝海产品,然后,通过数据分析进行选品。

5.1.1 红海与蓝海商品的识别

根据商品的销售状况及销售市场的竞争激烈程度,商品分为红海商品和蓝海商品,红海商品是指市场竞争比较激烈、商品的销售量和需求量比较大的商品;蓝海商品是指市场竞争小,商品的销售量和需求量相对小的商品。无论选择什么样的商品都面临着不同的机遇和风险,最终选什么商品需要用数据来决定,速卖通平台的“数据纵横”为选品提供数据支持。使用数据纵横进行蓝海和红海商品识别的具体操作方法如下:

第一步:进入速卖通卖家后台(图5.1),点击“数据纵横”。

第二步:进入“数据纵横”界面(图5.2),点击“选品专家”。

图5.1　进入速卖通卖家后台

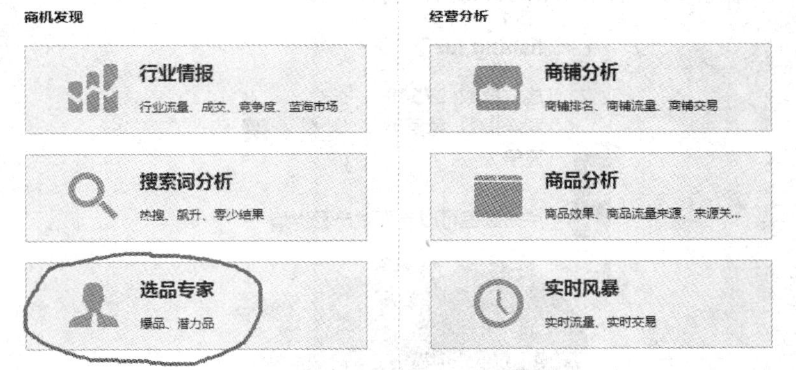

图5.2　进入“数据纵横”界面

第三步:在“选品专家”界面(图5.3),可以看到不同行业、不同国家、不同时间的红海商品和蓝海商品是什么,并且可以将数据资料下载分析。图中圈的颜色为蓝色的是蓝海商品,红色的是红海商品,还有介于二者之间的灰色商品,圈的大小表明商品的销量,圈越大销量越高。

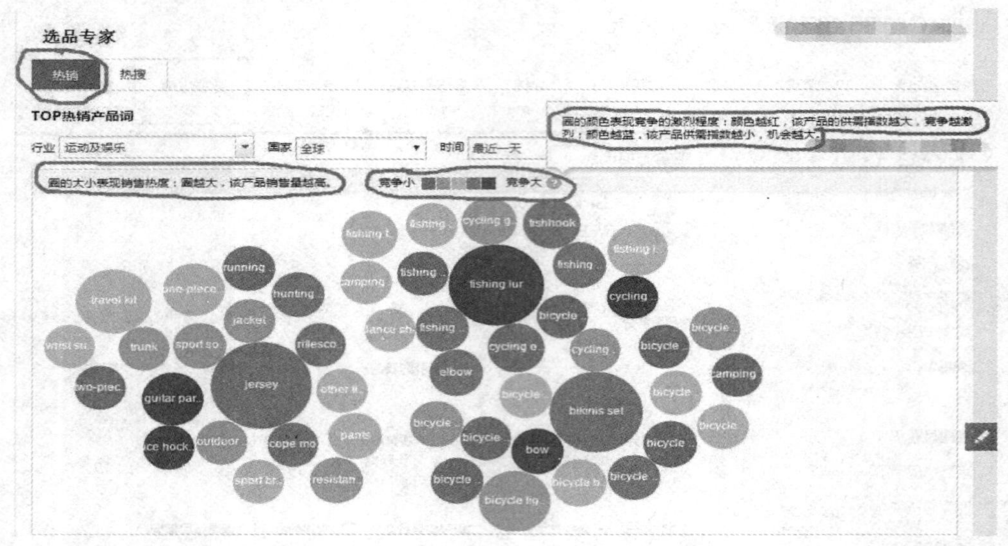

图 5.3 “选品专家”界面

点击某一个圈即可看到该商品的详细情况(图 5.4)。

图 5.4 查看商品的详细情况

5.1.2 选行与选品

正式选品前要先选择行业，即确定要经营的行业，根据经营状况，行业也分红海行业和蓝海行业。红海行业即竞争相当激烈的行业，比如服装/服饰配件；蓝海行业与红海行业正相反，是竞争比较小但充满买家需求的行业，是未知的有待开发的市场。红海行业可能变成蓝海行业，蓝海行业也可能变成红海行业。选择哪一行业需要数据决定，具体操作如下。

第一步：在卖家的后台点击“数据纵横”，然后点击“行业情报”（图 5.5）。

图 5.5　进入行业情报

第二步，点击“行业概况”，选择行业并选择时间。行业有多种，如图 5.6 所示，可逐一行业进行分析；时间分为最近 7 天、30 天和 90 天，如图 5.7 所示，选择后出现行业数据和行业趋势两组数据图。

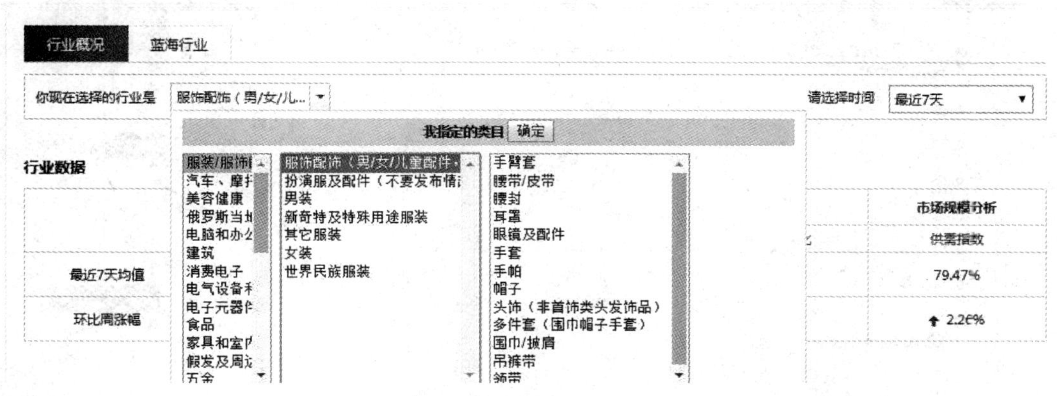

图 5.6　行业概况

行业数据中包含 5 个指标，分别是访客数占比、支付金额占比、浏览量占比、支付订单数占比和供需指数，数据为分期期间内的均值和涨幅百分比。

	流量分析		成交转化分析		市场规模分析
	访客数占比	浏览量占比	支付金额占比	支付订单数占比	供需指数
最近7天均值	29.23%	16.06%	17.94%	28.96%	79.47%
环比周涨幅	↓ -2.31%	↓ -1.47%	↑ 1.59%	↓ -0.82%	↑ 2.26%

图 5.7　选择时间

行业趋势包含两个指标，分别是趋势图和趋势数据明细。

趋势图是反应分析期间内访客数占比、支付金额占比、浏览量占比、支付订单占比和供需指数 5 个指标的整体趋势。

第一个指标：访客数占比（图 5.8），该指标反映的是分析期间内所选行业访客数占上级行业访客数的比例，比值上升说明该行业访客数增加。

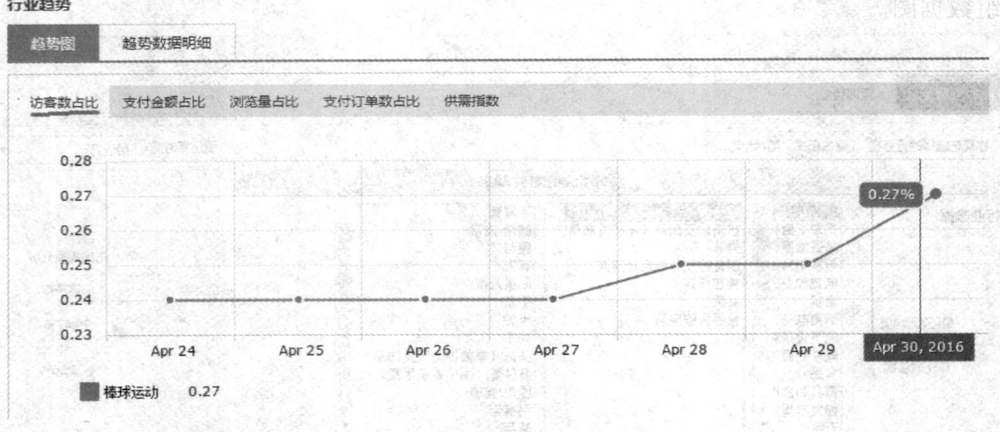

图 5.8　访客数占比

第二个指标：支付金额占比（图 5.9），该指标反映的是分析期间内所选行业支付成功金额占上级行业支付成功金额的比例，比值上升说明所选行业前景较好。

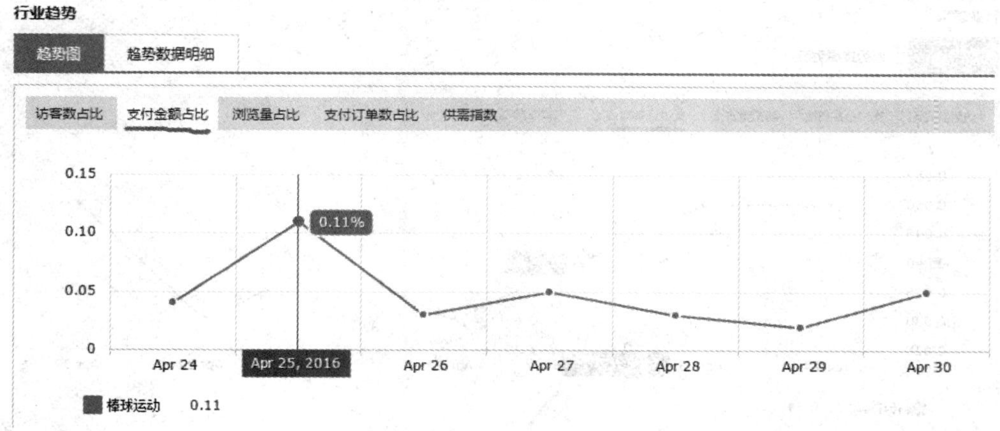

图5.9　支付金额占比

第三个指标:浏览量占比(图5.10),该指标反映的是分析期间内所选行业浏览量占上级行业浏览量的比例,比值上升说明该行业浏览量增加,买家关注度在上升。

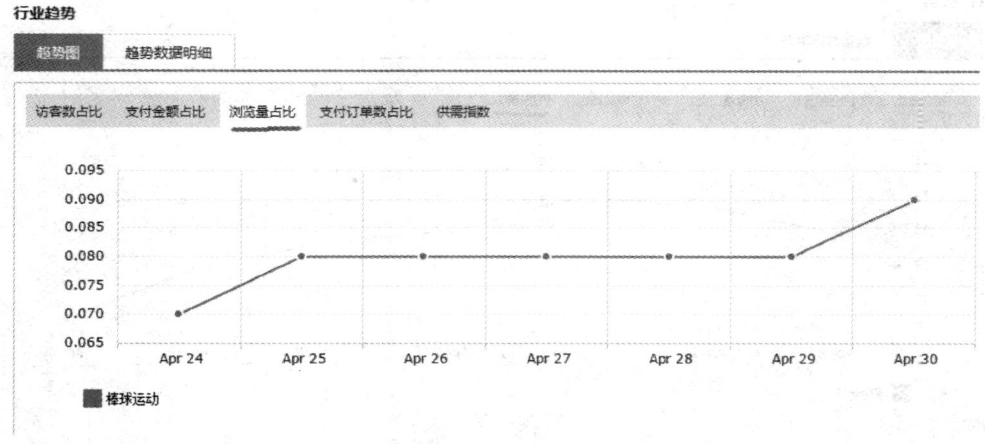

图5.10　浏览量占比

第四个指标:支付订单数占比(图5.11),该指标反映的是分析期间内所选行业支付成功订单数占上级行业成功支付订单数的比例,比值上升说明该行业订单量在增加。

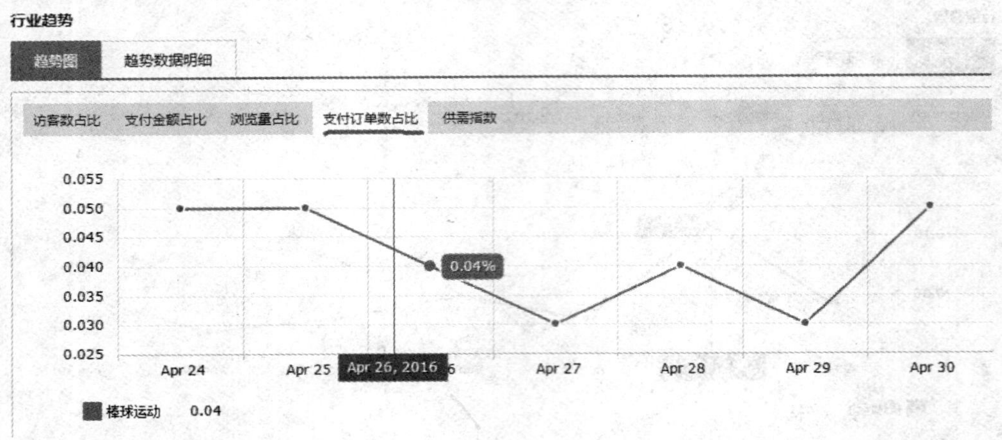

图 5.11　支付订单数占比

第五个指标:供需指数(图 5.12),该指标反映的是分析期间内所选行业中商品指数/流量指数,指数越小,说明竞争越小。

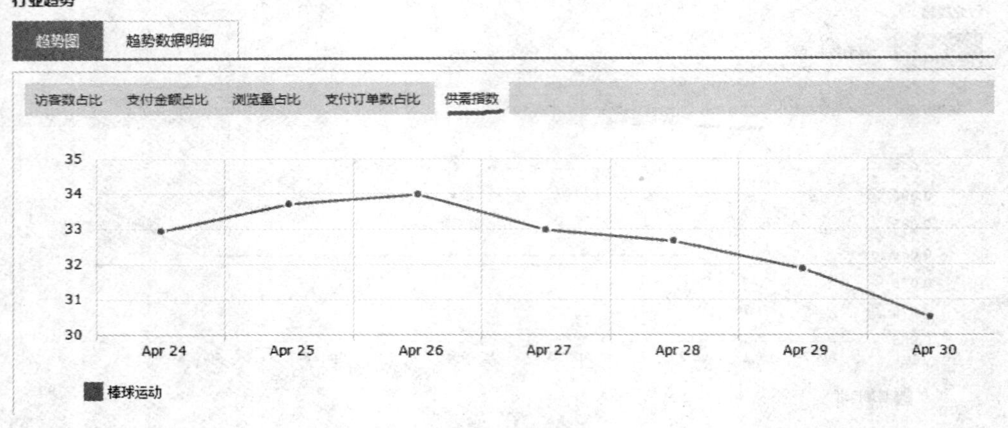

图 5.12　供需指数

趋势数据明细是上述 5 个指标在分析期间内每一天的具体数据(图 5.13)。

选品时要综合以上 5 个指标考虑。

了解行业概况后,下面介绍蓝海行业(图 5.14)。

行业趋势

趋势图　趋势数据明细　　下载最近30天原始数据

	流量分析		成交转化分析		市场规模分析
	访客数占比	浏览量占比	支付金额占比	支付订单占比	供需指数
2016-04-24	0.24%	0.07%	0.04%	0.05%	32.95%
2016-04-25	0.24%	0.08%	0.11%	0.05%	33.68%
2016-04-26	0.24%	0.08%	0.03%	0.04%	33.98%
2016-04-27	0.24%	0.08%	0.05%	0.03%	32.97%
2016-04-28	0.25%	0.08%	0.03%	0.04%	32.66%
2016-04-29	0.25%	0.08%	0.02%	0.03%	31.86%
2016-04-30	0.27%	0.09%	0.05%	0.05%	30.5%

图 5.13　趋势数据明细

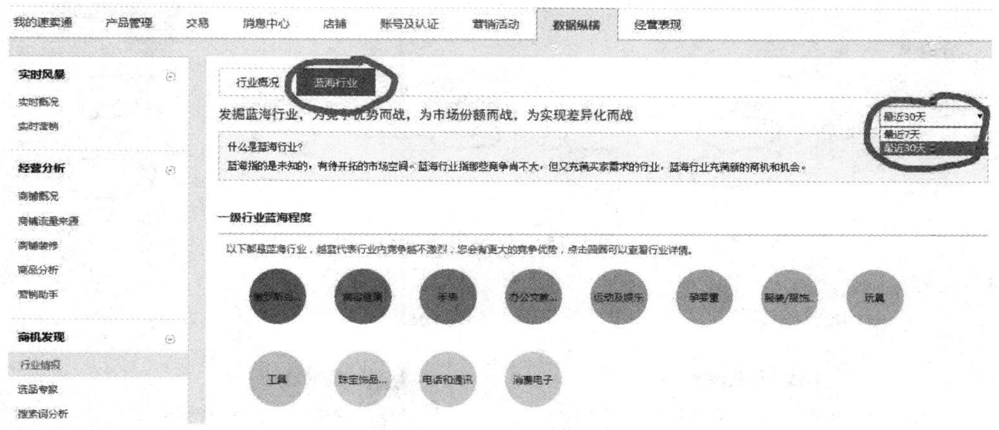

图 5.14　蓝海行业

蓝海行业细分如图 5.15 所示。

建议新手选择蓝海行业，竞争相对小，容易生存。蓝海行业给新的创业者提供充分的时间和空间去发展团队，但同时要注意避免选择“僵尸”商品。

第三步，选择行业后，进行选品，回到“数据纵横→选品专家”（图 5.16）。

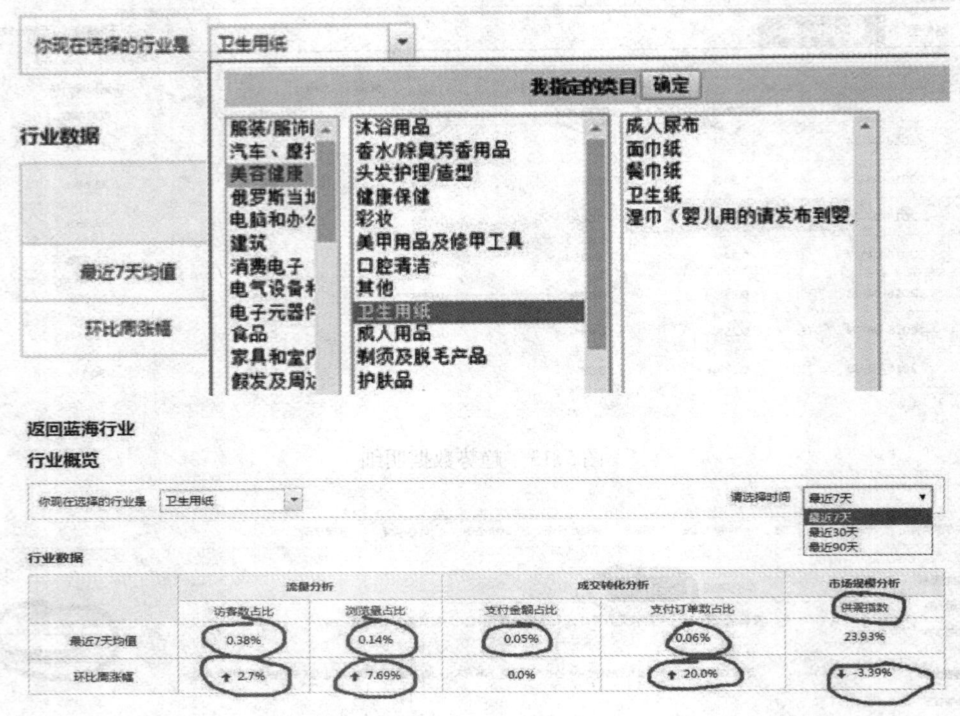

图 5.15　蓝海行业细分

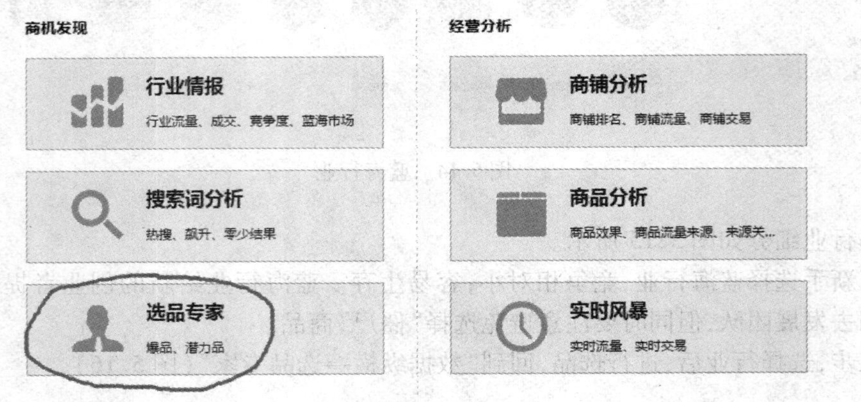

图 5.16　进入“选品专家”

在行业下拉菜单中选择行业，在国家下拉菜单中可选择国家，也可选择全球，在时间下拉菜单中可选择最近 1 天、最近 7 天和最近 30 天，如图 5.17 所示。

选品专家

热销　热搜

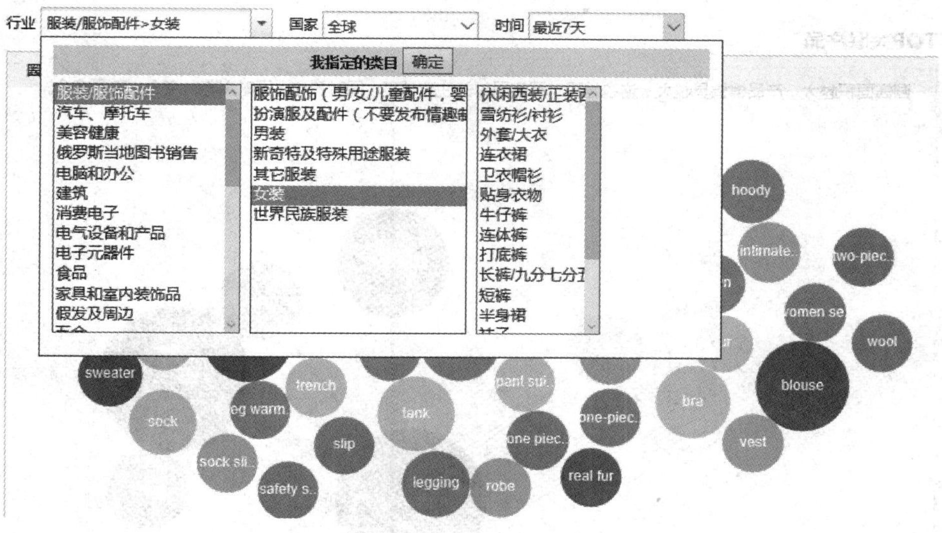

图 5.17　选择行业、国家和时间

选择后出现如图 5.18 所示界面。

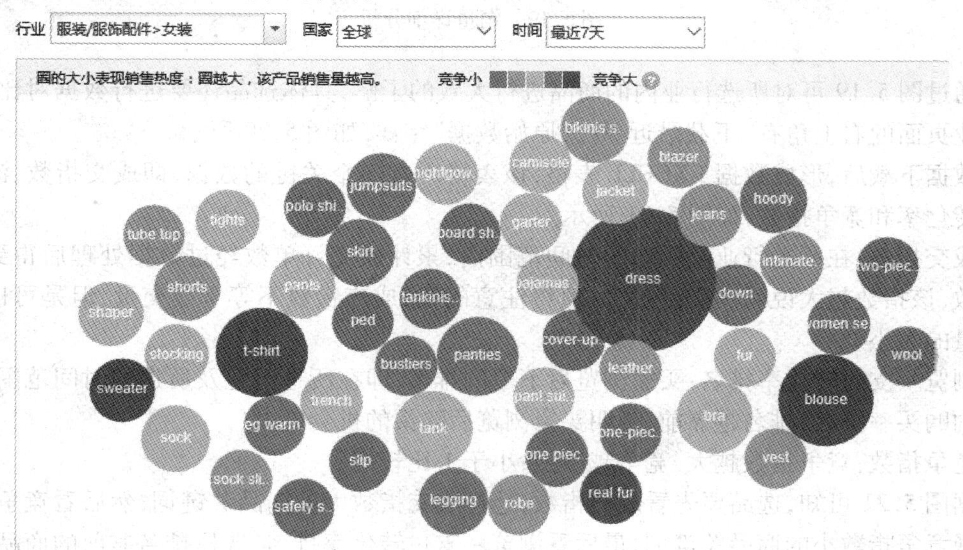

图 5.18　显示选择结果

点击任何一个所关注的商品后出现该商品的销量详细分析(图 5.19),圆圈面积越大,产品销量越大;颜色越红,竞争越激烈;连接线越粗说明买家同时关注度(浏览、点击、购买)越高。

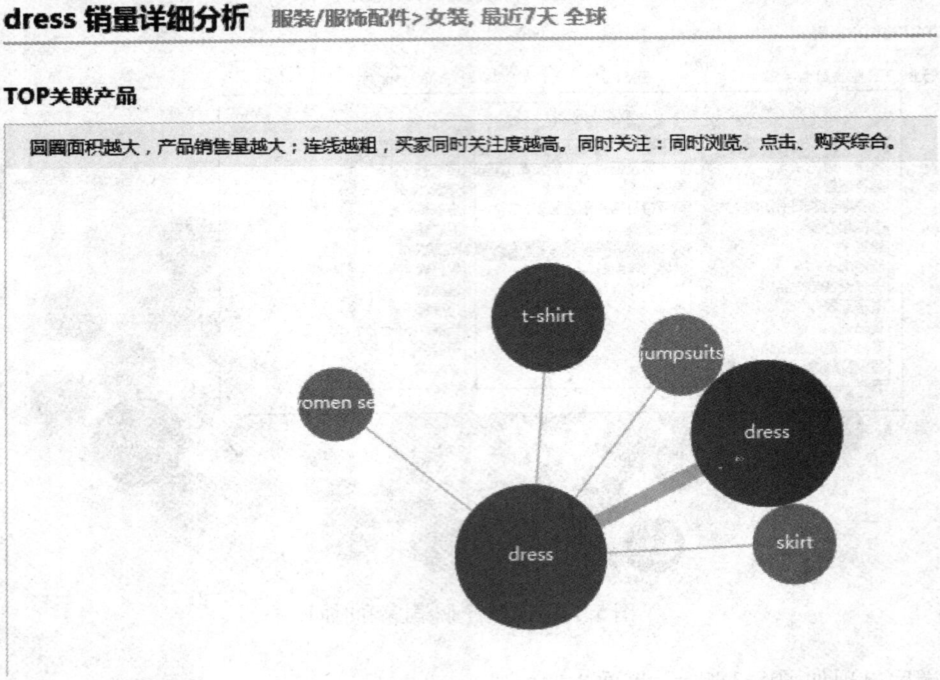

图 5.19　销量详细分析

通过图 5.19 可对所选行业内的商品进行大致的了解,具体选品还要进行数据对比,在选品专业页面的右上角有“下载最近 30 天原始数据”字样,如图 5.20 所示。

数据下载后,形成数据 EXCELL 表格,该表格中有 3 个关键的数据,即成交指数、浏览 - 支付转化率和竞争指数,如图 5.21 所示。

成交指数:在所选行业及所选的时间范围内,累计成交订单数经过数据处理后得到的对应指数,该指数越大说明成交量越大,值得注意的是,成交指数不等于成交量,但是可以反映成交量的大小。

浏览 - 支付转化率排名:买家浏览后下单的排名,即在所选行业及所选的时间范围内,产品词的购买率排名,排名越靠前,说明买家浏览后购买的机会越大。

竞争指数:竞争指数越大,竞争越激烈,小于 1 比较好。

据图 5.21 可知,选品要先看成交指数,选择成交指数大的商品关键词,然后看竞争指数,要选择竞争指数小的商品关键词,最后看浏览 - 支付转化率排名,选择排名靠前的商品,综合 3 个指标,在图 5.21 中选择 Panties 较好。

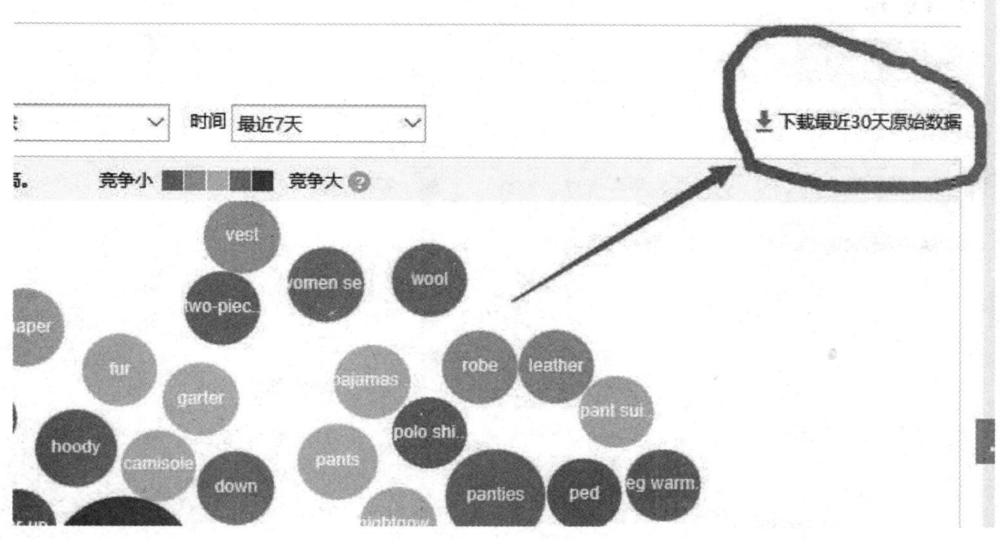

图 5.20　下载最近 30 天原始数据

行业	国家	商品关键词	成交指数	浏览-支付转化率排名	竞争指数
女装	全球	dress	120718	8	2.33
女装	全球	blouse	66313	1	1.35
女装	全球	t-shirt	60871	10	1.25
女装	全球	panties	38908	3	0.75
女装	全球	tank	34123	7	0.72
女装	全球	bra	27792	5	0.57
女装	全球	legging	17032	15	0.81
女装	全球	sock	16440	4	0.59
女装	全球	jumpsuits	16129	12	0.94
女装	全球	skirt	15683	16	0.88

图 5.21　原始数据表格

5.1.3　爆款选品

爆款商品不是由卖家能单独决定的,是由销量决定的,但是卖家可以打造爆款。爆款商品具备的要素主要有:所选商品要有一定的热度,所选商品要具有一定的差异化,产品购买转化率要高,产品关联性要强。查找卖家所选产品中的爆款商品的方法如下。

速卖通卖家后台→数据纵横→选品专家→热搜(图 5.22),在此界面下选择卖家所选择的行业及商品,圈越大说明销量越高,销售热度越高。

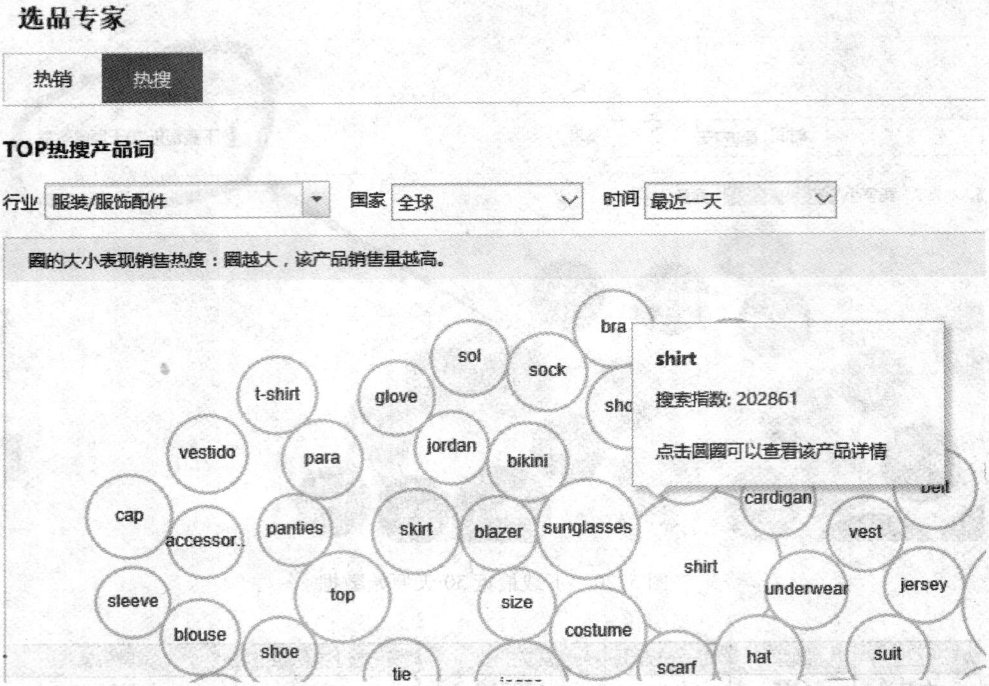

选品专家

热销 热搜

TOP热搜产品词

行业 服装/服饰配件 国家 全球 时间 最近一天

圈的大小表现销售热度：圈越大，该产品销售量越高。

bra sol sock t-shirt glove shirt 搜索指数: 202861 点击圈圈可以查看该产品详情 vestido para jordan bikini cardigan belt cap accessor.. panties skirt blazer sunglasses shirt vest sleeve top size underwear jersey blouse shoe costume hat suit tie scarf

图 5.22 爆款选品

综上，选品永远不选小蓝圈，因为虽然竞争小，但市场空间也小；也不选小红圈，因为竞争激烈而且市场空间小；选品可以选大蓝圈，或者大红圈，小灰圈利润高也可选择。

5.2 货源选择

5.2.1 1688 平台

1688 平台(图 5.23)的网址为 www. 1688. com，创立于 1999 年，现为阿里集团的旗舰业务，是中国领先的小企业国内贸易电商平台。作为阿里集团旗下子公司，1688 在 CBBS 电商体系中代表企业的利益，为全球数千万的买家和供应商提供商机信息和便捷安全的在线交易，也是商人们以商会友、真实互动的社区。解决电商卖家找工厂难、试单难、翻单难、新款开发难的问题；另一方面将线下工厂产能商品化，通过淘工厂平台推向广大的电商卖家从而帮助工厂获取订单，实现工厂电商化转型，打造贯通整个线上商品供应链的生态体系。

1688 以批发和采购业务为核心，通过专业化运营，完善客户体验，全面优化企业电商的业务模式。目前 1688 已覆盖原材料、工业品、服装服饰、家居百货、小商品等 16 个行业大类，提供从原料采购到生产加工，再到现货批发等一系列的供应服务。外贸货平台如图 5.24 所示。

图 5.23　1688 平台

图 5.24　外贸货平台

5.2.2　淘代销

通过淘代销工具可以将淘宝和天猫的商品导入卖家店铺进行销售。淘代销是一个工具，可将淘宝和天猫的宝贝介绍自动翻译成英文，发布到海外。用起来很简单，只需要输入掌柜昵称、宝贝链接或者一个宝贝名称的搜索结果页面的链接，淘代销就能自动完成翻译，接下来只需要补全一些基本信息就可以发布了。不过也需要注意，部分商品是不能销售的，比如侵权、限制销售的品类，具体哪些类目不能销售，可以在速卖通的卖家频道的“速卖通规则”频道首页看到。淘代销的优点如图 5.25 所示。

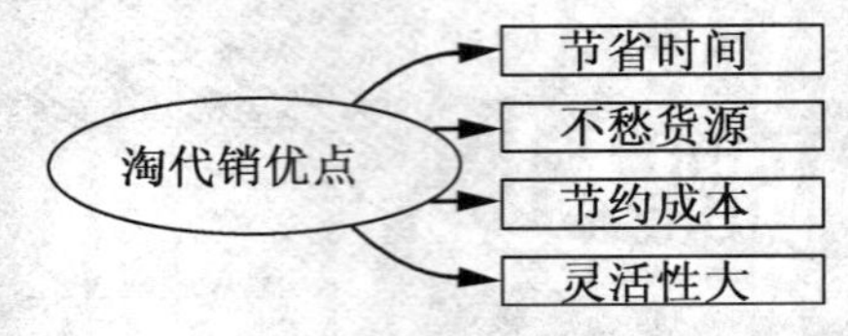

图 5.25　淘代销的优点

淘代销的具体操作步骤如下。

第一步，在卖家后台进入“产品管理”界面（图 5.26），选择淘宝产品代销。

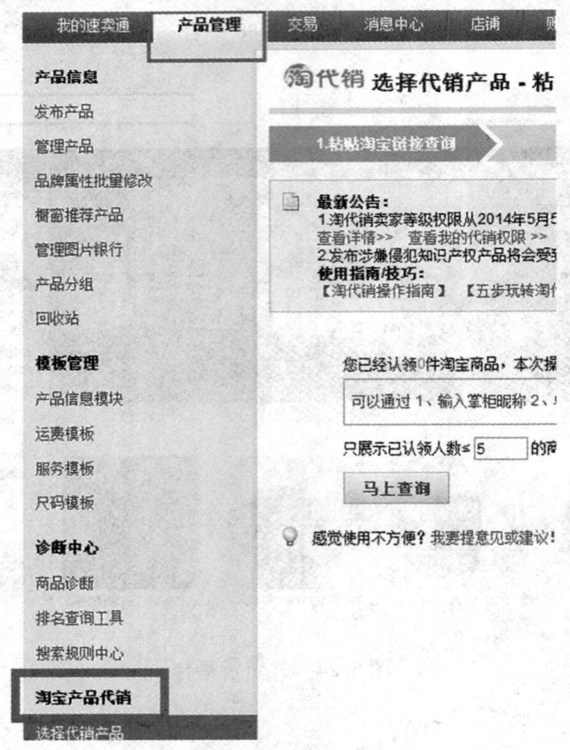

图 5.26　进入“产品管理”界面

第二步，选择淘宝产品进行代销，完成“认领淘宝产品→编辑代销产品→发布完成”等操作,如图5.27所示。

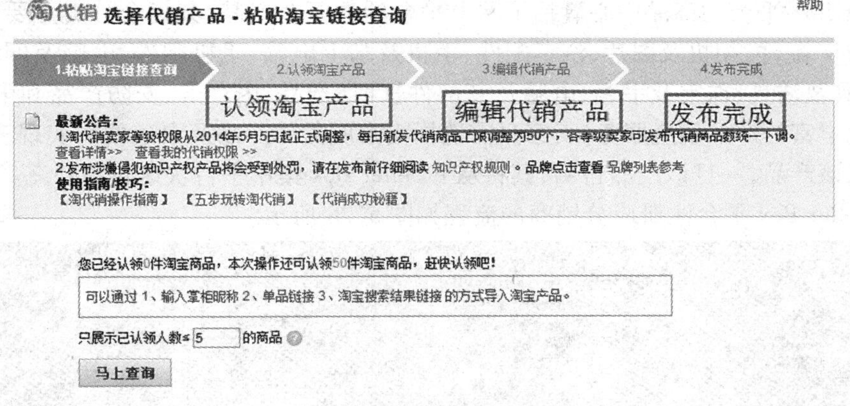

图5.27　淘代销操作过程

具体操作步骤可登录速卖通官网的速卖通大学进行学习。

5.2.3　e Seller Box 平台

e Seller Box 一直至力于提供最完整的 Drop Shipping 在线分销解决方案给全球零售商。为积极提升卖家的品牌知名度并获得积极的客户反馈,e Seller Box 的目标是提供最简单、最直接、最快速和最高效的自动化跨境电商解决方案。e Seller Box 整合了电商 ERP 流程整个在线销售的过程,提供一站式的电商服务解决方案,涵盖供应链管理、商品管理、采购管理、库存管理、产品上市销售计划、订单管理、客户支付和调度、CRM 管理、包装和运输及售前售后服务管理,节省卖家的时间和金钱,把精力集中在卖家的销售业务和客户。在 e Seller Box 卖家可以很容易地扩展其业务范围和销售机会。e Seller Box 系统一体化集成主要市场数以万计的热销产品货源,其图片、价格、质量、标题和描述等数据完整齐全,卖家无须录入任何产品数据,只需挑选想售卖的产品,轻点鼠标,即可实现全程自动刊登到电商平台进行销售。e Seller Box 适用任何规模的业务需求,是一个完善的电商服务在线解决方案创新商业模式,集成了工作流、业务流和信息流,业务需求满足是全方位的,无论卖家是个人、小商家或是企业,e Seller Box 都能全方位满足其需求,轻松开启在线电商创业之路,应付自如,真正实现世界范围的无缝销售连接,运筹帷幄,决胜全球。e Seller Box 供应链平台把供应商、制造商、品牌商、仓库、配送中心和渠道商等有效地组织在一起,统一进行产品仓储、配送、分销及销售。e Seller Box 供应链平台包括了商品管理、销售管理、仓储库存、物流配送、财务管理五大基本内容。e Seller Box 供应链系集成了海量商品(SKU)资源信息,通过整合厂家、品牌商、贸易商和批发商的主要商品货源,卖家无须采购商品,不需要采购库存,即可在线刊登上万种产品至 eBay、amazon、AliExpress 及自建 B2C 网店,为全球零售卖家提供零成本、零库存、零风险、零负担的创业商机。

e Seller Box 平台的商品中心囊括了网上平台的数万个产品，其综合分类主要包括：服装和鞋子、Apple 配件、相机及图片、汽车配件、手机及掌上电脑、手机配件、电脑及网络配件、电子产品、家具及洁具、珠宝及手表、电脑及其部件、LED 产品、内存卡、安防产品和电子游戏及配件。如此丰富的产品供应服务，卖家只需选择卖家所需的产品及渠道便可实现多渠道推广和销售卖家该产品，一旦该产品售出，其将从 e Seller Box 集中平台快速自动补充。

在 e Seller Box 平台注册成分销商的流程如图 5.28 所示。

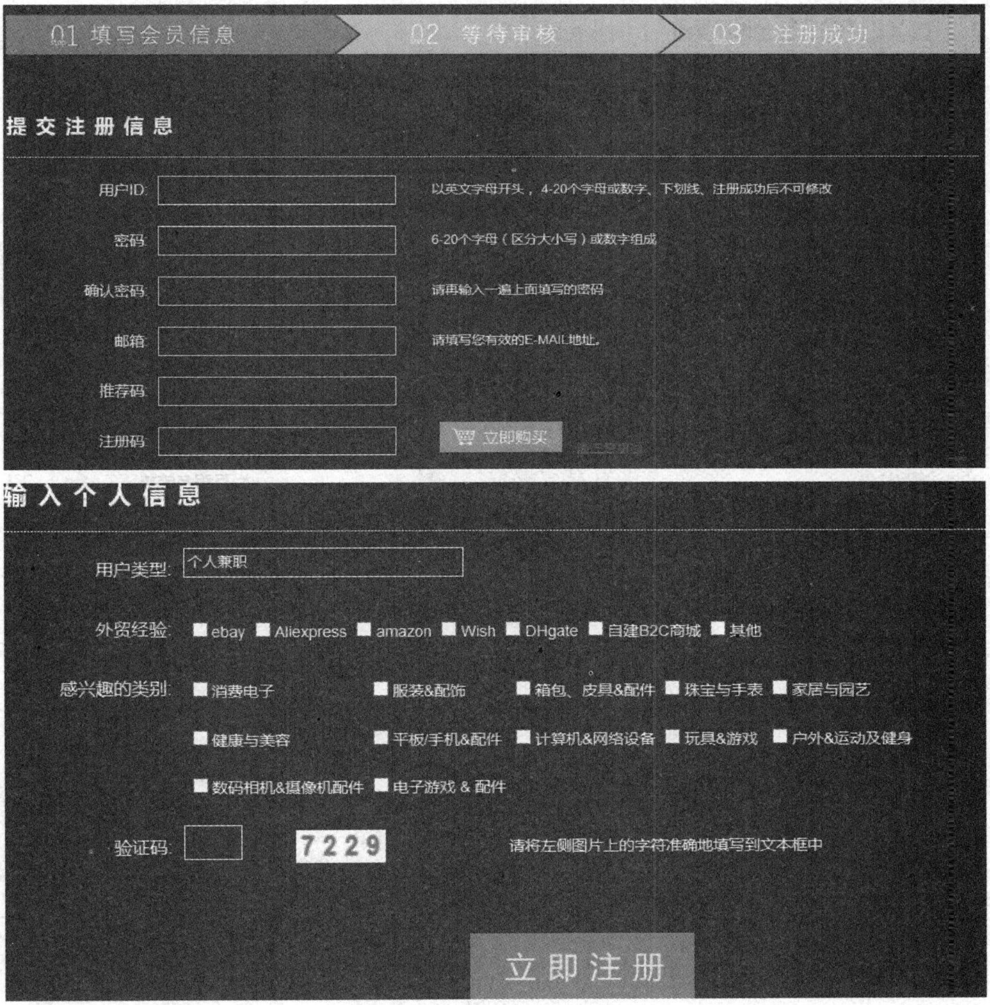

图 5.28　在 e Seller Box 平台注册成分销商的流程

5.3　产品上传

确定所销售商品后，要将商品上传到卖家店铺，上传产品的步骤如下。

第一步，在卖家后台，点击“发布产品”(图 5.29)。

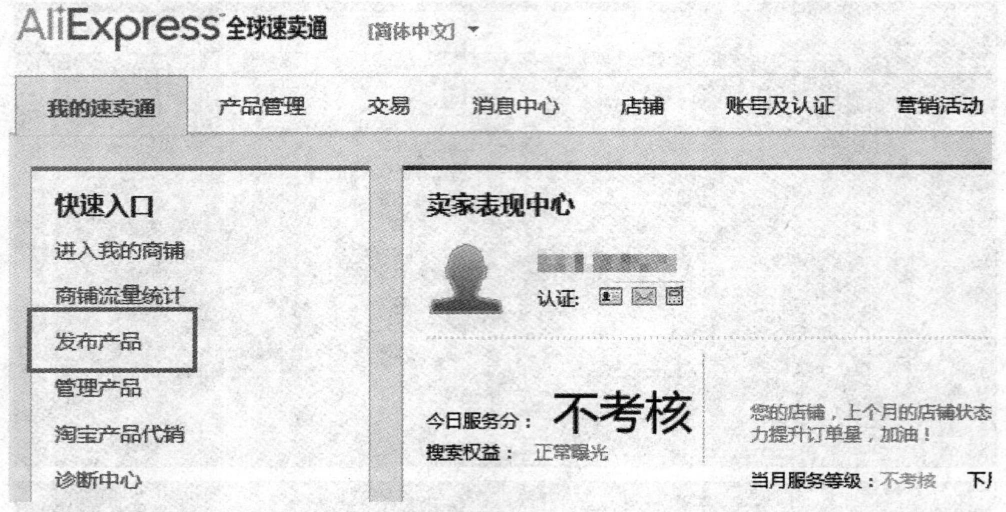

图 5.29　进入“发布产品”界面

第二步，选择发布产品的种类（图 5.30）。

图 5.30　选择发布产品的类目

第三步，填写商品的详细信息（图 5.31）。信息填写完整、准确有助于提高商品的曝光率。红色 * 为必填项，自 2017 年 1 月 3 日开始，品牌项为新增必填项，T 标和 R 标均可与店铺类型相对应。

产品基本属性

产品属性　当前产品的属性填写率为 **0%** 该产品所在类目下优质商品的属性填写率为 **78%** 完整且正确的产品属性有助于提升产品曝光率！
系统属性中没有合适的属性或者属性值？点此提交

* 品牌：请选择
2017年1月3日开始，除"部分类目"外，新发商品必须选择您的商品所对应的品牌。若不选择品牌或者选择"NONE(无品牌)"，则商品将发布不成功。
若您所需发布的品牌在下拉列表中没有或者不能搜索出来，请先进行"商标添加"流程。
若您的品牌已经在列表中存在，但您还没有发布该品牌权限，请先进行"商标资质申请"流程。
若您想申请属于自己的商标，请先进行"在线商标申请"，拿到《商标申请受理通知书》后，即可进行后续"商标添加"及"商标资质申请"流程。

产品类型：Gloves & Mittens

* 材质：Acetate(醋酸纤维)　Acrylic(腈纶)　Bamboo Fiber(竹纤维)　Cashmere(羊绒)　Cotton(棉)　Faux Fur(假皮草)　Fur(皮草)　Synthetic Leather(人造皮革)　Genuine Leather(真皮)　Linen(亚麻)　Lycra(莱卡)　Microfiber(超细纤维)　Modal(莫代尔)　Nylon(尼龙)　Polyester(涤纶)　Polyethersulfone(聚醚砜)　Rayon(人造丝)　Silk(真丝)　Spandex(氨纶)　Viscose(纤维胶)　Wool(羊毛)　Satin(色丁)　Coral Fleece(珊瑚绒)　Other(其它)

* 适用人群：请选择

* 性别：请选择

! 风格：请选择

! 手套长度：请选择

! 图案类型：请选择

型号：

添加自定义属性

* 产品标题　您还可以输入 128 个字符

* 产品图片　图片格式JPEG，文件大小5M以内；图片像素建议大于800*800；横向和纵向比例建议1:1到1:1.3之间；
图片中产品主体占比建议大于70%；背景白色或纯色，风格统一；如果有LOGO，建议放置在左上角，不宜过大。
不建议自行添加促销标签或文字。切勿盗用他人图片，以免受网规处罚，请仔细阅读图片盗用规则。了解更多发布商品规则

您可以将图片拖动图片显示区域，也可以通过选取文件上传。

从我的电脑选择　从图片银行选择　全部删除

* 最小计量单位　件/个 (piece/pieces)

* 销售方式　按件出售　打包出售（价格按照包计算）

颜色

手套尺寸 6 6 1/2 6 3/4 6 7/8 7 7 1/8 7 1/4 7 3/8 7 1/2 7 5/8 8 XS S M L XL 单一码 8 1/2

*零售价 USD / 件 根据您当前的佣金费率，您的实际收入约为 USD 0

批发价 支持

*库存

商品编码

库存扣减方式 下单减库存 付款减库存

*发货期 天

产品视频 使用视频介绍产品功能或使用方法。建议视频时长不超过4分钟，画面长宽比16：9，暂不支持wmv、H264格式。需审核通过后展示，展示位置为详细描述顶部。

上传视频

*产品详细描述

字体 字号 格式

无线详描 点击展开

包装信息

*产品包装后的重量 公斤/件

自定义计量

*产品包装后的尺寸 长 × 宽 × 高 (单位：厘米，每件 0 cm^3)

物流设置

*产品运费模板

服务模板

*服务模板 新手服务模板

服务名称	服务内容
货不对版服务	如发现商品与描述不符买家可以选择退货或者退款

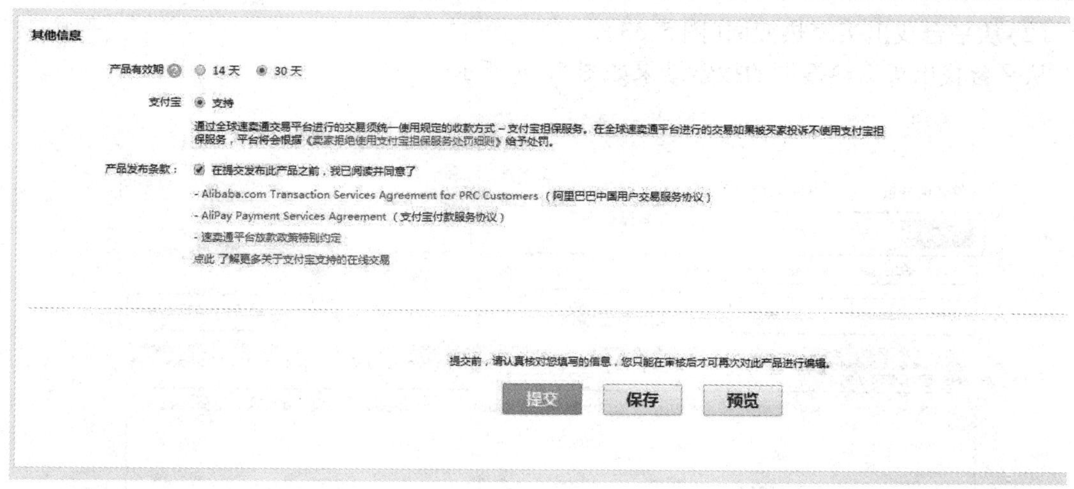

图 5.31　填写商品的详细信息

5.3.1　标　题

设置标题的目的是为了让买家找到卖家的商品,买家用来搜索商品的关键词只有体现在标题中,卖家的商品才能被买家搜到。好的标题能带来曝光和流量,获得标题的方法主要有以下 3 种:一是从产品本身中挖掘出关键词;二是从平台找出买家热搜关键词;三是几乎所有产品都可以用的火爆流量词。

(1)从产品本身中挖掘出关键词(图 5.32)。

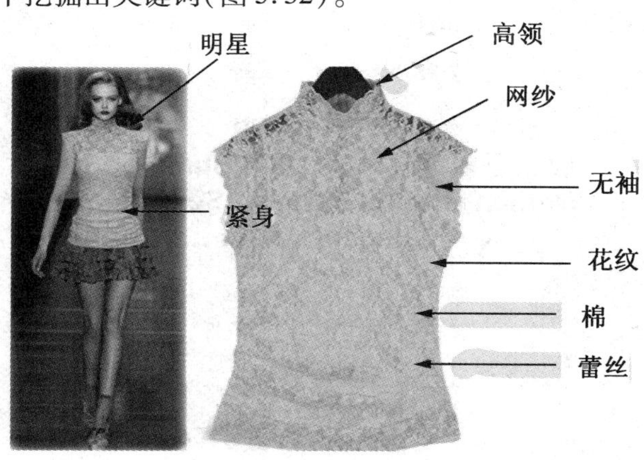

图 5.32　从产品本身中挖掘出关键词

(2)从平台找出买家热搜词(图 5.33)。

从平台找出买家热搜词的搜索结果如图 5.34 所示。

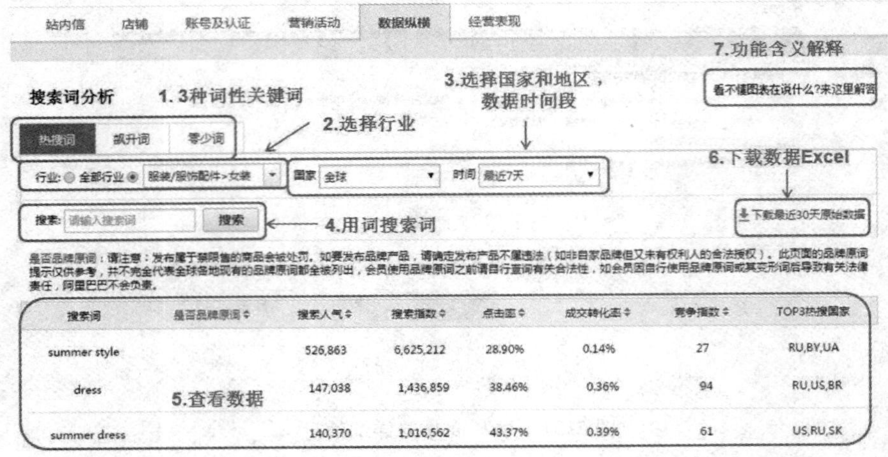

搜索词	是否品牌原词	搜索人气	搜索指数	点击率	成交转化率	竞争指数	TOP3热搜国家
summer style		526,863	6,625,212	28.90%	0.14%	27	RU,BY,UA
dress		147,038	1,436,859	38.46%	0.36%	94	RU,US,BR
summer dress		140,370	1,016,562	43.37%	0.39%	61	US,RU,SK

图 5.33　从平台找出买家热搜词

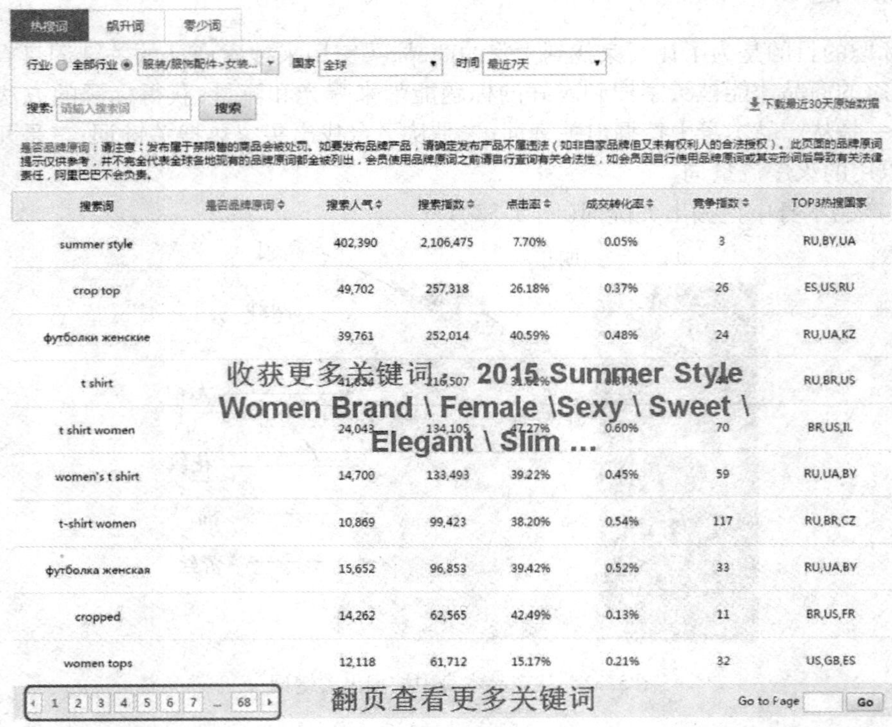

搜索词	是否品牌原词	搜索人气	搜索指数	点击率	成交转化率	竞争指数	TOP3热搜国家
summer style		402,390	2,106,475	7.70%	0.05%	3	RU,BY,UA
crop top		49,702	257,318	26.18%	0.37%	26	ES,US,RU
футболки женские		39,761	252,014	40.59%	0.48%	24	RU,UA,KZ
t shirt		[illegible]	116,507	[illegible]	[illegible]	[illegible]	RU,BR,US
t shirt women		24,043	134,105	47.27%	0.60%	70	BR,US,IL
women's t shirt		14,700	133,493	39.22%	0.45%	59	RU,UA,BY
t-shirt women		10,869	99,423	38.20%	0.54%	117	RU,BR,CZ
футболка женская		15,652	96,853	39.42%	0.52%	33	RU,UA,BY
cropped		14,262	62,565	42.49%	0.13%	11	BR,US,FR
women tops		12,118	61,712	15.17%	0.21%	32	US,GB,ES

图 5.34　搜索结果

(3)几乎所有产品都可以用的火爆流量词,包括时尚、热销、高品质、新产品、厂家直销、大促销、便宜、包邮等。

标题撰写步骤:

①先挖掘出产品自身属性词,再去系统后台寻找买家搜索词;

②标题最长可输入 128 个字符;

③标题中同一个单词只能用一次,大词除外,但不得超过两次,比如 dress 可以写成 dresses;

④标题中不能出现和实际产品属性无关的词;

⑤多放热搜属性词;

⑥品类词尽量放在靠后,最重要的关键词放在品类词前;

⑦标题语法尽量简单;

⑧标题尽量不用符号分隔,可以用空格,首字母尽量大写;

⑨撰写顺序尽量为限、观、形、龄、色、国、材;

⑩将准备的关键词组合起来就是标题。

综合以上获得标题的 3 种方法,结合标题撰写步骤可确定图 5.32 所示商品中文标题为:

热销明星同款 高品质棉质网纱无袖高领修身性感蕾丝花纹 T 恤 女士品牌 包邮

英文标题为:2015 Hot Selling Star Top Quality Cotton Gauze Sleeveless High Collar Slim Sexy Lace Flower T shirt Women Brand free shipping

5.3.2　图　片

上传图片的要求如图 5.35 所示,即图片格式为 JPEG,大小在 5M 以内,图片像素大于 800×800,图片背景为白色或纯色,LOGO 放在图片的左上角,可上传六张图片,为取得视觉美观的效果,最好图片与图片之间留有一定的间隔。上传的图片注意不要侵权。

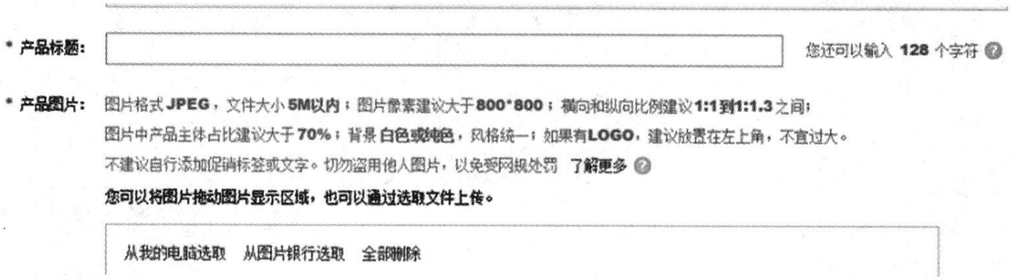

图 5.35　图片要求

5.3.3　详情页

要上传的产品详细信息必须填写得真实、完整、准确。计量单位、颜色、尺寸等信息要与实际销售的产品相符，以免出现买家收货后出现货不对版纠纷；商品的定价是至关重要的，定价需要考虑产品的生产成本或进货成本、物流成本、佣金、可能会发生的关税等成本信息，以及利润率，同时要考虑平台将要开展或店铺将要开展的打折活动或买送活动等，因为定价后产品一旦上传在活动期间内不能修改价格；商品编码是卖家为方便管理而自行编制的，只出现在后台，此编码不是出口商品的 HS 编码；发货期的天数不易过长，一般与所选择的物流、商品库存等信息有关；如果有视频资料可以上传产品的视频资料，视频资料不是越大越好，建议不超过 4 min；在以上信息中未展示完全的也可用文字、图片、表格等对产品进行详细的描述，例如尺码表、支付、物流说明、售后服务、品牌说明等，详情页部分如图 5.36 所示。

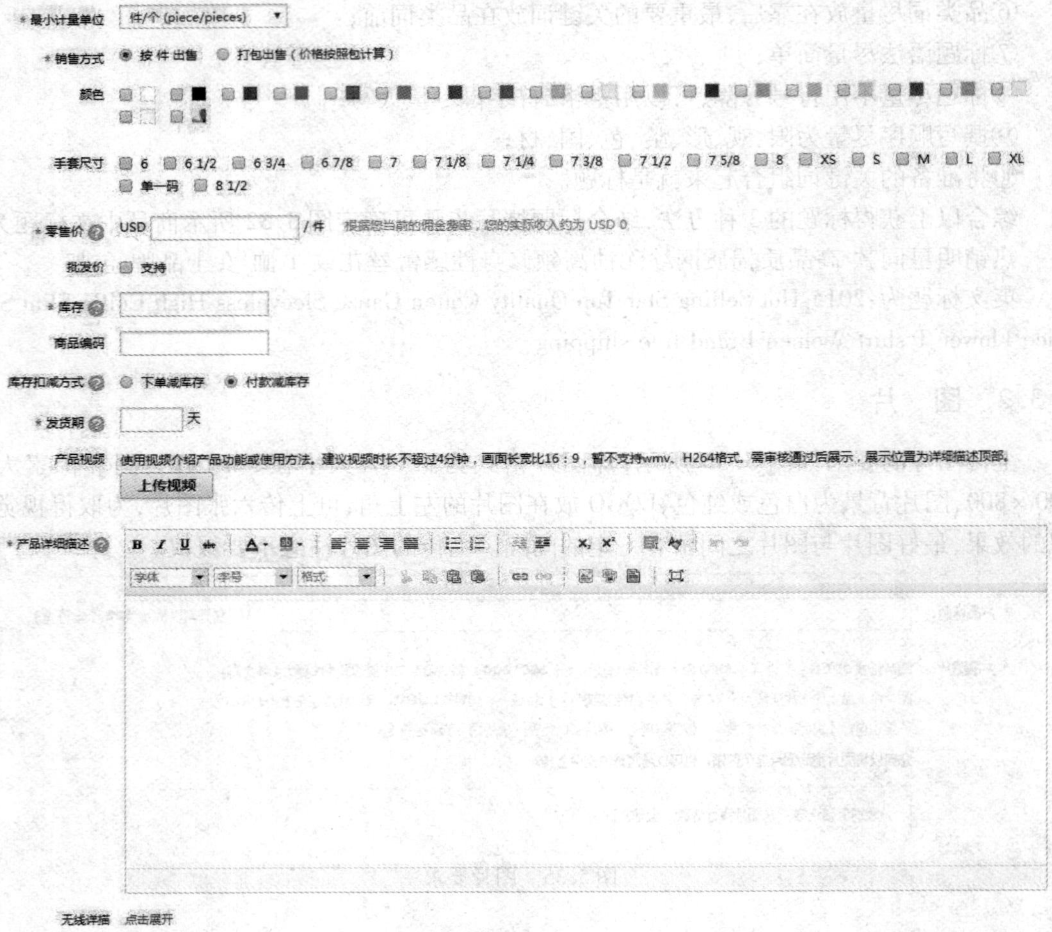

* 最小计量单位　件/个 (piece/pieces)

* 销售方式　按件出售　打包出售（价格按照包计算）

颜色

手套尺寸　6　6 1/2　6 3/4　6 7/8　7　7 1/8　7 1/4　7 3/8　7 1/2　7 5/8　8　XS　S　M　L　XL　单一码　8 1/2

* 零售价　USD　/件　根据您当前的佣金费率，您的实际收入约为 USD 0

批发价　支持

* 库存

商品编码

库存扣减方式　下单减库存　付款减库存

* 发货期　天

产品视频　使用视频介绍产品功能或使用方法，建议视频时长不超过4分钟，画面长宽比16：9，暂不支持wmv、H264格式，需审核通过后展示，展示位置为详细描述顶部。

上传视频

* 产品详细描述　字体　字号　格式

无线详描　点击展开

图 5.36　详情页

包装信息、物流信息等的填写如图 5.37，包装信息的填写有助于计算运费。产品有效期可选择为 14 天或 30 天。

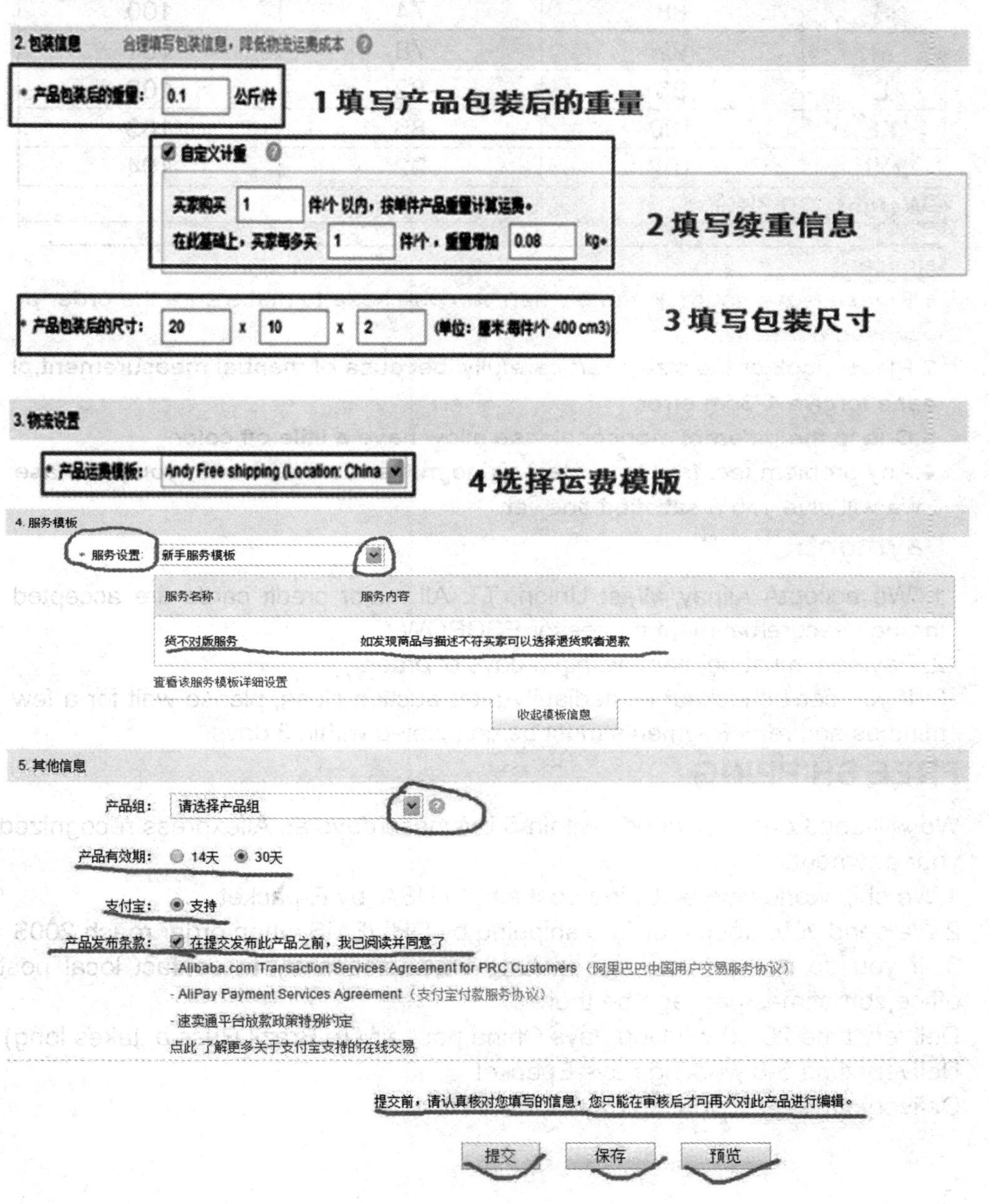

图 5.37　包装及物流信息等

尺码描述、支付、物流说明、售后等举例如图 5.38 所示。

Size	Bust	Waist	Length
	cm	cm	cm
S	88	74	100
M	92	78	101
L	96	82	102
XL	100	86	103
2XL	102	92	104
Weight	0.3KG		

Notice:

1.Please leave your full name when you purchase to make sure the order processed normally.

2.Please look at the size chart carefully, because of manual measurement,please forgive 1-3cm error.

3.Due to the different monitor,please allow have a little off color.

4.Any problem feel free to contact us,no matter before or after you purchase, we will give you a satisfied answer.

Payment:

1. We acceptA Alipay, West Union, TT. All major credit cards are accepted through secure payment processor ESCROW.
2. Payment must be made within 3 days of order.
3. If you can't checkout immediately after auction close, please wait for a few minutes and retry Payments must be completed within 3 days.

FREE SHIPPING

We will send our your goods within 5 business days as Aliexpress recognized your payment.

1.We ship worldwide by China post air ,To USA ,by E-packet

2.We send your goods for free shipping by DHL/EMS when order reach 200$

3. if you do not get package in long time ,please try to contact local post office,sometimes package be there

Delivery time 20-60 working days China post air (To Brazil,Russia ,takes long)

Delivery time 5-8 working days Epacket

Delivery time 8-20 working days EMS/DHL

FEEDBACK

1. We do want to establish long-term friendly business relationship with you, so your feedback is very important to us. Please leave us your positive back
2. When you receive the item and satisfied with the product, please leave positive feedback with 5 star

RETURN

1.If there are some damage during shipping or quality.pls, contact us within 3 days,
email with the photo of products. We will offer you refunds or exchanges for compensation
2.We accept item returning without reason, but buyer have to pay the returning shipping cost

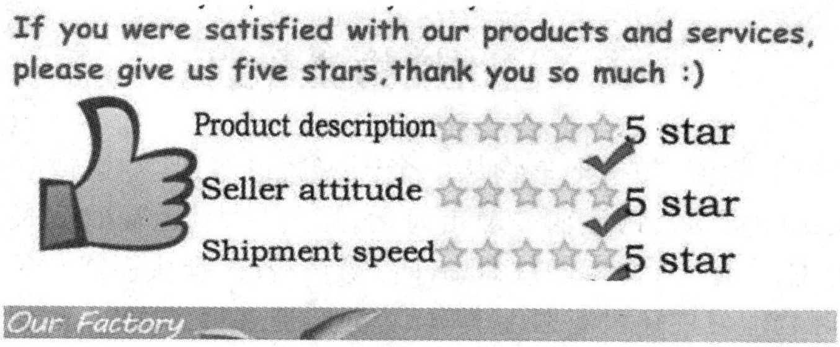

If you were satisfied with our products and services,
please give us five stars,thank you so much :)

Product description 5 star
Seller attitude 5 star
Shipment speed 5 star

Our Factory

图5.38　尺码描述、支付、物流说明、售后等举例

商品详情页制作过程中最重要的填写项目为产品定价和运费模板的设置。

实验项目 6

Chapter 6

跨境物流与运费模板设置

实验目的:了解跨境电商出口常用物流公司有哪些,学会设置运费模板。
实验任务:命名一个运费模板,设置一个运费模板。

6.1 跨境物流介绍

跨境物流就是国际物流,是指把货物从一个国家通过海运、空运或陆运运输到另外一个国家或地区。传统国际贸易货物运输一般走海运,运货量大、运输时间长、运费便宜。相反,跨境电商以零售为主,金额小,物流多数为小件货物,一般选择快递或空运。跨境电商的发展速度如此之快,国际物流发展还没有跟上节奏,势必会带来很多隐患,因为物流不仅直接关系到跨境电商的交易成本,还关系到买家对卖家的满意度、购物体验和忠诚度。物流没搞懂,后果很严重,调查订单纠纷产生的原因,几乎 85% 与物流有关,或者因运输速度慢,或者因物流信息查不到。国际物流渠道主要分为三大体系,即邮政渠道、商业快递和自主专线,如图6.1所示。邮政渠道有 EMS、e 邮宝、e 特快、中国邮政挂号小包等几种,承诺运达时间为 27 天。其中邮政小包风险较高,推荐使用挂号,在各种邮政小包使用率方面、中国邮政挂号小包占据了半壁江山。新加坡小包、香港小包也是常用的物流方式,而瑞典小包、DHL 小包、瑞士小包所占份额相对较少。商业快递包括 UPS、DHL、FedEx、DHL、TNT 几种,承诺运达时间不超过 23 天,在各种商业快递使用率方面,国际快递巨头和 EMS 等占据了半壁江山。自主专线有澳洲专线、中东专线、中俄专线速优宝、中通俄罗斯专线,承诺运达时间为 30 到 40 天。国际物流公司如图 6.2 所示。卖家习惯使用中国邮政、香港邮政、TNT、UPS、FedEx、DHL 和海运方式等。对于卖家来说,没有绝对好的物流,只有合适与否的物流。部分物流公司标志如图 6.3 所示。

图 6.1　国际物流渠道分类

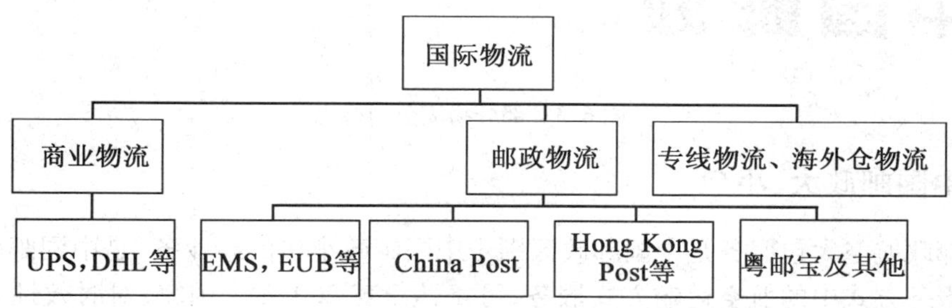

图 6.2　国际物流公司

(a)　(b)

(c) (d)

(e) (f)

图 6.3　部分物流公司标志

6.1.1　中国邮政大、小包

中国邮政航空大包服务是中国邮政区别于中国邮政小包的新业务，是中国邮政国际普通邮包 3 种服务方式中的航空运输方式服务，可寄达全球 200 多个国家，对时效性要求不高而质量稍重的货物，可选择使用此方式发货。质量在 2 kg 以上，通过邮政空邮服务寄往国外的大邮包，可以称为国际大包。国际大包分为普通空邮（Normal Air Mail，非挂号）和挂号（Registered Air Mail）两种。前者费率较低，邮政不提供跟踪查询服务，后者费率稍高，可提供网上跟踪查询服务。价格比 EMS 稍低，且和 EMS 一样不计算体积质量，没有偏远附加费；相对于其他运输方式（如 EMS、DHL、UPS、Fedex、TNT 等）来说，中国邮政大包服务有绝对的价格优势。采用此种发货方式可最大限度地降低成本，提升价格竞争力。

中国邮政航空小包（China Post Air Mail）又称中国邮政小包、邮政小包或航空小包，是指包裹质量在 2 kg 以内，外包装长宽高之和小于 90 cm，且最长边小于 60 cm，通过邮政空邮服务寄往国外的小邮包。它包含挂号和平邮两种服务，可寄达全球各个邮政网点。挂号服务费率稍高，可提供网上跟踪查询服务。中国邮政航空小包出关不会产生关税或清关费用，但在目的地国家进口时有可能产生进口关税，具体根据每个国家海关税法的规定而各有不同（相对其他商业快递来说，航空小包能最大限度地避免关税）。中国邮政航空小包有明显的价格优势，直接按首重 50 g 续重 1 g 计费，首重最低 5 元即可以发到国外；中国邮政航空小包可以将产品送达全球几乎任何一个国家或地区的客户手中，只要有邮局的地方都可以到达，大大扩展了外贸卖家的市场空间；中国邮政航空小包适用范围广，eBay、敦煌网等平台都可以使用，除了国际违禁品和危险品外，一般无特别的邮寄限制。

选择中国邮政大、小包界面如图6.4所示。

经济类物流　标准类物流　快速类物流　其他物流　物流分类升级啦！查看详情

经济类物流运费优惠，但不提供目的国包裹妥投信息，仅适合货值低、重量轻的商品使用。查看详情

选择物流　运费设置　运达时间设置

China Post Ordinary Small Packet Plus 中国邮政平常小包+　标准运费 减免 0 % 即全折　卖家承担运费　自定义运费　承诺运达时间 天　自定义运达时间

China Post Registered Air Mail 中国邮政挂号小包　标准运费 减免 0 % 即全折　卖家承担运费　自定义运费　承诺运达时间 天　自定义运达时间

China Post Air Parcel 中国邮政大包　标准运费 减免 0 % 即全折　卖家承担运费　自定义运费　承诺运达时间 天　自定义运达时间

图6.4　选择中国邮政大、小包

6.1.2　EMS

EMS(Express Mail Service)，即邮政特快专递服务。它是由万国邮联管理下的国际邮件快递服务，是中国邮政提供的一种快递服务。该业务在海关、航空等部门均享有优先处理权，高质量地为用户传递国际、国内紧急信函、文件资料、金融票据、商品货样等各类文件资料和物品。EMS的突出优点体现在以下几个方面：一是邮政网络强大，覆盖面广，价格合理，以实重计费，不收附加费；二是EMS有优先通关的权利，通关不过，免费退回国内，其他物流公司一般要收费，这是EMS最大的优点；三是EMS可走敏感货物，不易交关税。缺点是相对于商业快递速度偏慢。EMS发文件需要用牛皮纸袋，每500 g为一个计量单位，限重20～30 kg。选择EMS界面如图6.5所示。

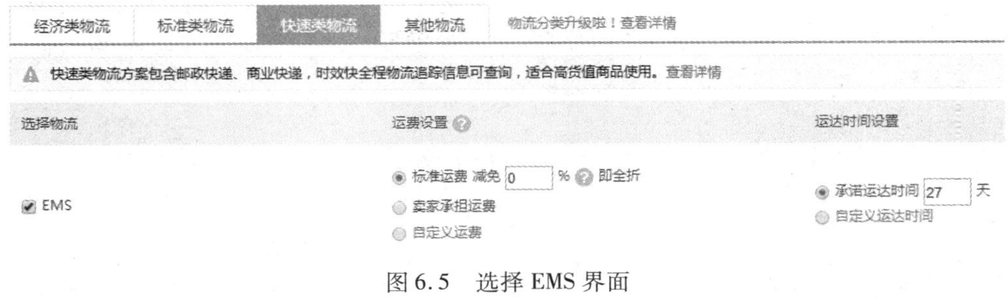

图6.5　选择EMS界面

6.1.3 Epacket(e 邮宝)

"e 邮宝"是中国邮政储蓄银行电子商务快递公司与支付宝最新打造的一款经济型速递业务,专为中国个人电商所设计,采用全程陆运模式,其价格较普通 EMS 有大幅度下降,大致为 EMS 的一半,但其享有的中转环境和服务与 EMS 几乎完全相同,而且一些空运中的禁运品将可能被 e 邮宝所接受。英、美、澳、加、法、俄、以色列、沙特、乌克兰有首重,之后按 g 计算,限重 2 kg。选择 e 邮宝界面如图 6.6 所示。

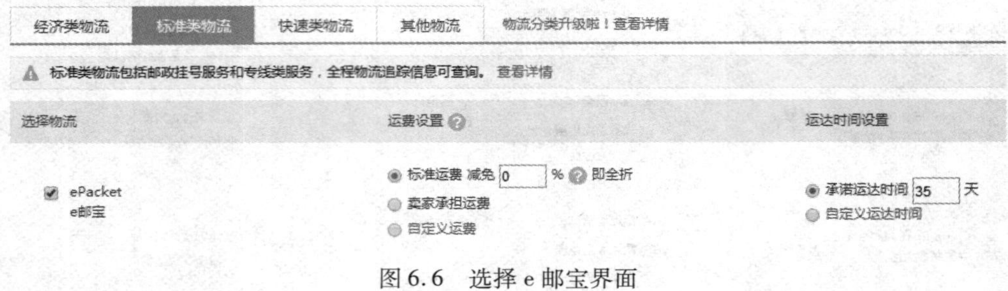

图 6.6　选择 e 邮宝界面

6.1.4 DHL

DHL 是全球著名的邮递和物流集团 Deutsche Post DHL 旗下的公司。1969 年,DHL 开设了他们的第一条从旧金山到檀香山的速递运输航线,公司的名称 DHL 由三位创始人姓氏的首字母组成(Dalsey, Hillblom and Lynn)。2002 年开始,德国邮政控制了其全部股权并把旗下的敦豪航空货运公司、丹沙公司(Danzas)以及欧洲快运公司整合为新的敦豪航空货运公司。2003 年,德国邮政又收购了美国的空运特快公司,并把它整合到敦豪航空货运公司里。2005 年,德国邮政又收购了英国的英运公司(Exel),并把它整合到敦豪航空货运公司里。至此敦豪航空货运速递公司拥有了世界上最完善的速递网络之一,可以到达 220 个国家和地区的 12 万个目的地。选择 DHL 界面如图 6.7 所示。DHL 最大的的特点是速度快,相比于其他快递,55 kg 以下的货物 DHL 有价格优势。

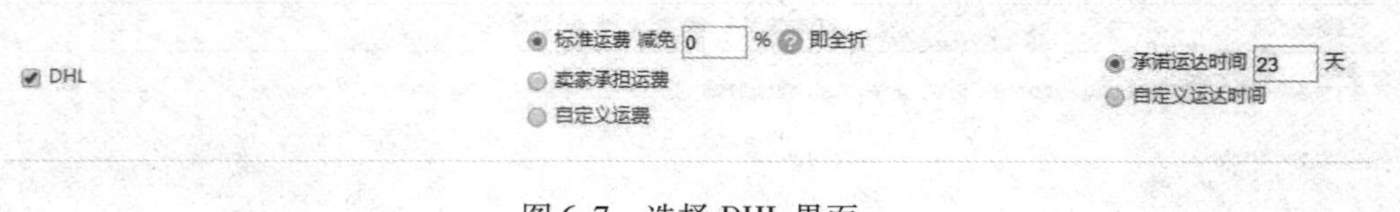

图 6.7　选择 DHL 界面

6.1.5 UPS

1907 年,UPS(United Parcel Service)作为一家信使公司成立于美国华盛顿州西雅图,作为世界上最大的快递承运商与包裹递送公司,同时也是运输、物流、资本与电商服务的领导性的提供者。UPS 信誉特别好,发美国的货物用 UPS 优势明显,价格便宜速度快,且可发货种类多。在运费模板中 UPS 有两个:一个是全球速快;另一个是全球快捷。对美国发货选择全球速快,不要选择全球快捷,全球快捷速度慢,收费低,类似美国邮政。选择 UPS 界面如图6.8所示。

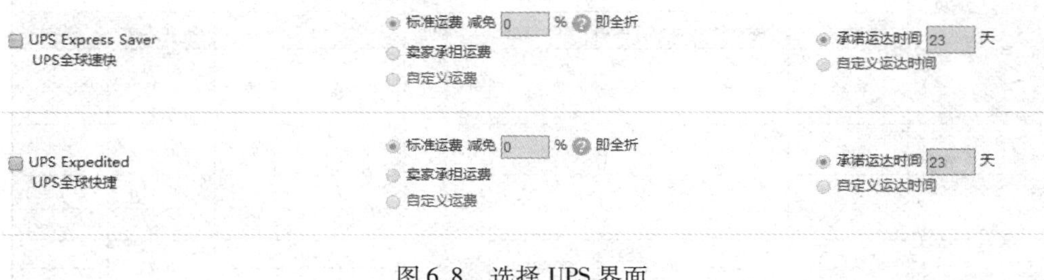

图 6.8 选择 UPS 界面

6.1.6 FedEx

Fedex(联邦快递)隶属于美国联邦快递集团,Fedex IP 指的是联邦快递优先服务,时效比较快些,相对来说价格也比普通的高一些。Fedex IE 指的是联邦快递经济服务,时效与 Fedex IP 相比较要慢些,但相对而言价格便宜。两者说到底就是时效和价格的区别,Fedex IP 时效快价格高;Fedex IE 时效慢价格低。选择 Fedex 界面如图 6.9 所示。

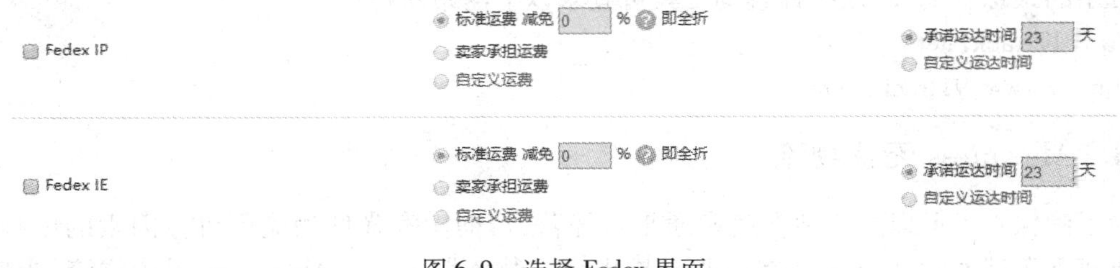

图 6.9 选择 Fedex 界面

6.1.7 TNT

TNT 集团总部位于荷兰,2011 年,TNT N. V. 拆分为 TNT 快递和荷兰邮政(PostNL),而 TNT 航空则划归 TNT 快递旗下。在荷兰本国,TNT N. V. 一度以 TNT 邮政的名义运作。目前澳洲线路相对优势较大。选择 TNT 界面如图 6.10 所示。TNT 是荷兰最大的快递公司,在西欧国家清关能力比 DHL、DPS、EMS 都强,速度快,但收费相对高。

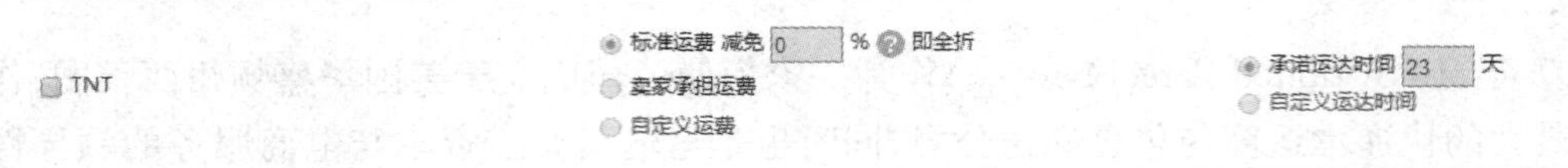

图 6.10　选择 TNT 界面

各种物流渠道对比如图 6.11 所示。

Shipping Method	Area / Delivery time							
	Europe	North America	Russian Federation	Brazil	Australia	Asia	Middle East	Other
中国邮政 CHINA POST China Post Air Mail	10-15	10-20	15-30	25-45	10-20	5-20	15-35	15-60
DHL	3-7	3-7	——	3-7	3-7	3-7	3-7	3-7
TNT	3-5	——	——	——	3-5	——	——	——
aramex delivery unlimited	——	——	——	——	——	——	3-7	——
EMS	5-10	4-7	7-15	15-25	7-15	2-6	7-15	7-30
EMS E-EMS	5-10	4-7	7-15	15-25	7-15	2-6	——	——
e邮宝 epacket	5-15	4-10	7-15	——	7-15	——	——	——

图 6.11　各种物流渠道对比

常用的跟踪查询、时效统计查询工具可登录以下网站获得:

www. 17track. net

http://www. 91track. com/

6.1.8　Aliexpress 无忧物流

为了确保卖家可以放心地在速卖通平台经营,帮助卖家降低物流不可控因素的影响,阿里巴巴旗下全球速卖通及菜鸟网络联合推出官方物流服务——Aliexpress 无忧物流,为速卖通卖家提供稳定的国内揽收、国际配送、物流详情追踪、物流纠纷处理、售后赔付在内的一站式物流解决方案。无忧物流分为无忧物流 - 简易、无忧物流 - 标准、无忧物流 - 优先 3 种。无忧物流 - 简易只支持发普通货物,不支持发带电、纯电及化妆品,赔付的上限仅为 35 元,时效一般为 15 ~20 天;无忧物流 - 标准可寄送普货、带电、非液体化妆品,不支持纯电和液体粉末,赔付的上限可达 800 元,时效一般为 15 ~35 天;无忧物流 - 优先只支持寄送普通货物,不支持带电、纯电及化妆品,赔付的上限可达 1 200 元,对核心国家时效为 4 ~10 天。

Aliexpress 无忧物流相比于其他物流方式的优势体现在以下几点:第一,渠道稳定时效快。因为是阿里巴巴自营的物流,所以可以保证商品的丢包率降到最低,对一些平台核心国家发货物流会更快一些,相比邮政小包快 1 ~2 天;第二,操作简单。在卖家后台可以一键选择完成运费模板设置,只要直接选择无忧物流即可,根据商品的特性选择不同类型的无忧物流渠道,价格也会在后台直接计算出来,不用卖家逐个国家选择;第三,平台承担售后。选择无忧物流可以帮助卖家消除关于物流原因造成的差评,如果是因为物流的原因导致买家过时收到商品,并且买家向平台提出纠纷,使用无忧物流的好处就在于速卖通官方来解决买家提出的纠纷,帮助卖家消除差评,将损失降到最低。第四,你敢用我敢赔。卖家选择无忧物流发货,如果是物流原因导致的退款纠纷,责任由平台承担,标准物流赔付上限为 800 元,而无忧物流赔付上限最高为 1 200 元。因为物流导致买家收货延迟,影响买家的购物体验,买家可能提出退款申请,使用无忧物流的卖家将会受到速卖通官方政策的保护,平台承担退款金额,根据使用无忧物流种类不同,承担费用也会有所区别。Aliexpress 无忧物流也有自身的局限性:比如,只支持线上发货,价格比邮政偏高一些,例:一条丝巾价格为 50 元,质量为 100 g,使用中国邮政小包,物流费用大约为 20 元,使用无忧物流费用大约为 25 ~30 元,因为保证了卖家的售后服务质量,因此价格也会相对中国邮政小包高一些,至于高多少,取决于该商品自身的质量。

6.2　运费模板设置

运费模板设置的作用不言而喻,根据物流状况设置发货国家,根据运费谨慎选择物流,在平台中超过 80% 的买家选择购买免运费商品,建议卖家选择价格低的物流方式设为卖家承担运费。运费模板设置如下。

第一步:进入店铺后台,点击“产品管理”,再点击“运费模板”,如图 6.12 所示,对于新开店的新手可以先设置新手运费模板,点击“运费模板教程”先学习一下。

第二步:对于大部分卖家而言,新手模板不能满足要求,在新手模板小试牛刀后点击“新增运费模板”按钮(图 6.13)进行自定义模板设置。

根据自己的喜好输入模板名称,名称为英文或数字,点击“保存”,如图 6.14 所示。

第三步:返回运费模板后可以看到自己新增的运费模板,然后点击其编辑按钮进行编辑,如果名称设置错误,或需要取消该运费模板,则可以选择删除。

在运费模板编辑页面可分别设置不同类型的物流信息(图 6.15),经济类物流设置中国邮政平常小包 +,标准类物流设置 e 邮宝和中国邮政挂号小包,快递类物流设置 EMS、DHL、UPS、Fedex。可点击“查看详情”了解详细的物流信息。经济类物流适合货物价值低质量轻的商品,运输时间长;标准类物流的特点是全程物流信息可追踪;快递类物流适合高价值商品使用,特点是运输速度快、运费高、全程物流信息可追踪。商品的特点不同,不同物流公司服务特点也不近相同,需综合考虑进行物流模板设置,没有最好的物流,只有是否适合的物流。

图 6.12　新手运费模板学习

图 6.13　新增运费模板

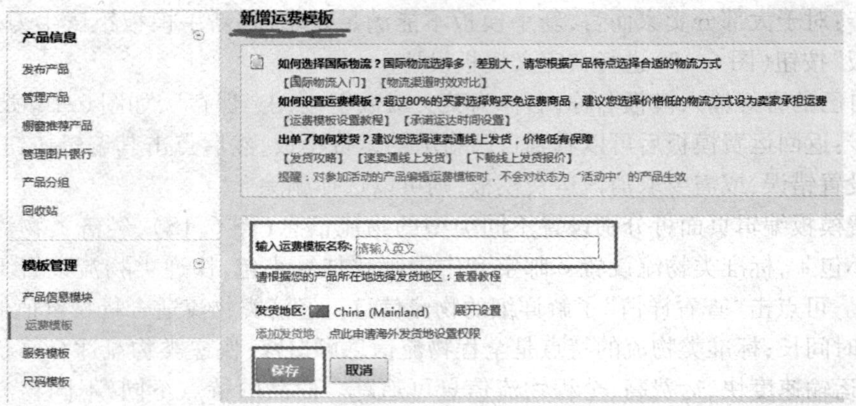

图 6.14　自定义模板设置

编辑运费模板

输入运费模板名称: ssss

请根据您的产品所在地选择发货地区：查看教程

发货地区: China (Mainland)　收起设置

经济类物流　标准类物流　快速类物流　其他物流　物流分类升级啦！查看详情

经济类物流运费优惠，但不提供目的国包裹妥投信息，仅适合货值低、重量轻的商品使用。查看详情

物流服务等级	服务说明	物流方案		
		中文名称	英文名称	线上发货介绍
经济类物流	物流运费成本低，发件物流追踪信息可查询，但目的国包裹妥投信息不可查询，仅适合运送货值低重量轻的商品	中国邮政平常小包+（仅限线上发货）	China Post Ordinary Small Packet Plus	查看详情
		4PX新邮经济小包（仅限线上发货）	4PX Singapore Post OM Pro	查看详情
		速优宝芬邮经济小包（仅限线上发货）	Posti Finland Economy	查看详情
		中外运-西邮经济小包（仅限线上发货）	Correos Economy	查看详情
		中外运-英邮经济小包（仅限线上发货）	Royal Mail Economy	查看详情

中国邮政平常小包+

线路介绍　揽收范围　寄送限制　如何使用　退件说明及FAQ

线上发货中国邮政平常小包+（China Post Ordinary Small Packet Plus）**是中国邮政针对**订单金额7美金以下、重量2kg以下**小件物品推出的空邮产品，运送范围通达全球241个国家和地区。**

图 6.15　设置不同类型的物流信息

了解基础物流信息后可开始物流模板设置。

第四步:经济类物流模板设置(图 6.16)。

经济类物流　标准类物流　快速类物流　其他物流　物流分类升级啦！查看详情

经济类物流运费优惠，但不提供目的国包裹妥投信息，仅适合货值低、重量轻的商品使用。查看详情

选择物流	运费设置	运达时间设置
China Post Ordinary Small Packet Plus 中国邮政平常小包+	标准运费 减免 0 % 即全折 卖家承担运费 自定义运费	承诺运达时间 天 自定义运达时间

图 6.16　经济类物流模板设置

勾选“中国邮政平常小包+”,进行运费设置和运费到达时间设置,如选择标准运费,需设置减免率,也可选择卖家承担运费,还可进行自定义运费设置,承诺到达时间根据实际业务中选择的物流公司和运输距离的远近酌情填写。下面详细介绍自定义模板设置。

点击“自定义运费”,如图6.17所示,按照地区设置运费模板,六大洲分别进行设置,点击“显示全部”,显示该洲的全部国家,根据各国情况,勾选相应适合销售对象的国家,勾选结束,点击收起,接着按照同样的步骤设置其他国家。字体标红的国家一般为热门国家,可设置卖家承担运费,吸引客户。未勾选的国家意味着不对其发货。

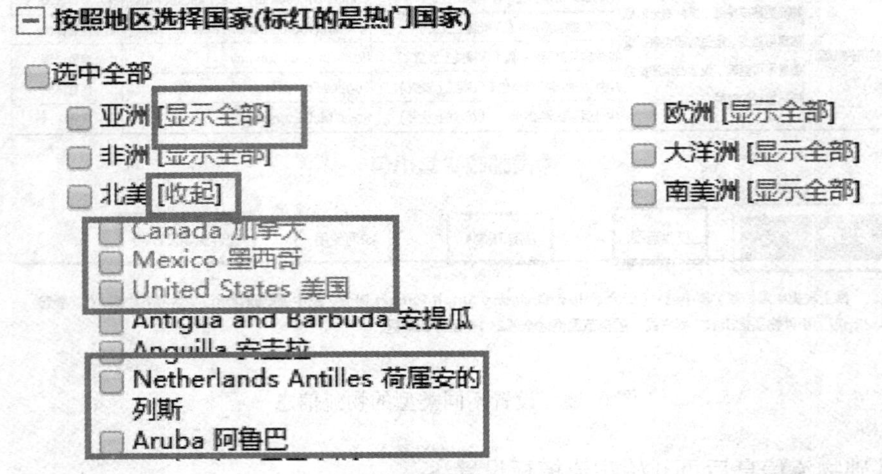

图6.17 “自定义运费”国家选择

全部勾选完毕后点击“设置发货类型”,如图6.18所示。运费类型包括标准运费和自定义运费、卖家承担运费,卖家可以根据具体情况设置为标准运费(同时设置相应的运费减免率)、自定义运费或卖家承担运费即包邮,最后点击“保存”按钮。

选择标准运费,同时设置运费减免率(图6.19)。

选择自定义运费,需要选择按照重量还是数量设置运费(图6.20)。

最后,点击“保存”按钮。对于运费组合中不包含的国家或地区设置为不发货(图6.21)。

其他类型物流按照上述方法依次设置。

第五步:承诺到达时间设置,按照区域设置承诺货物到达时间(图6.22)。

2区、3区、4区依次设置。

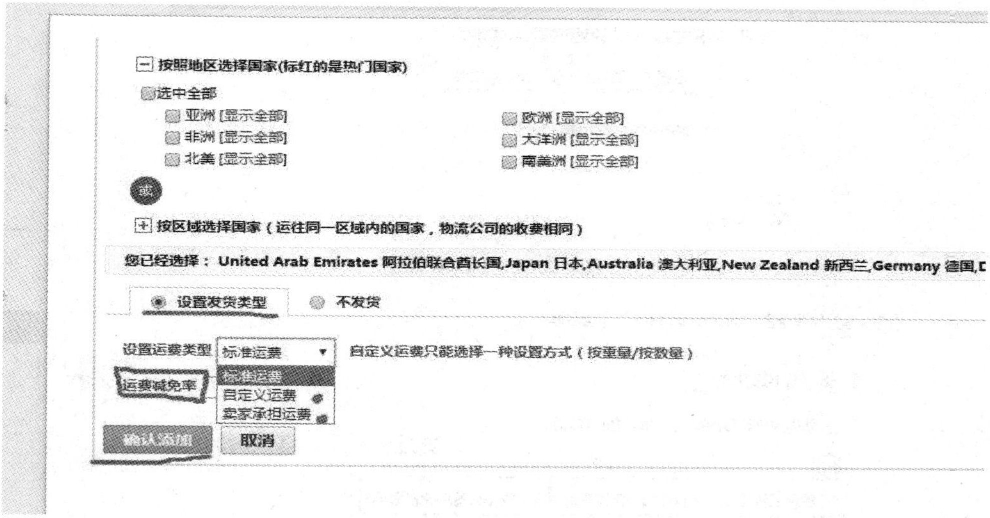

图 6.18　设置发货类型

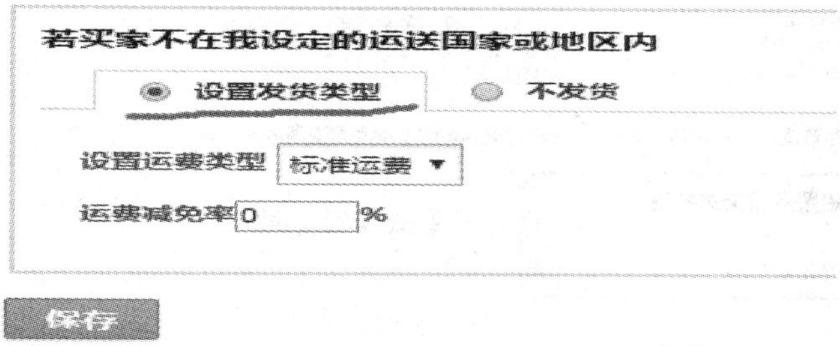

图 6.19　设置运费减免率

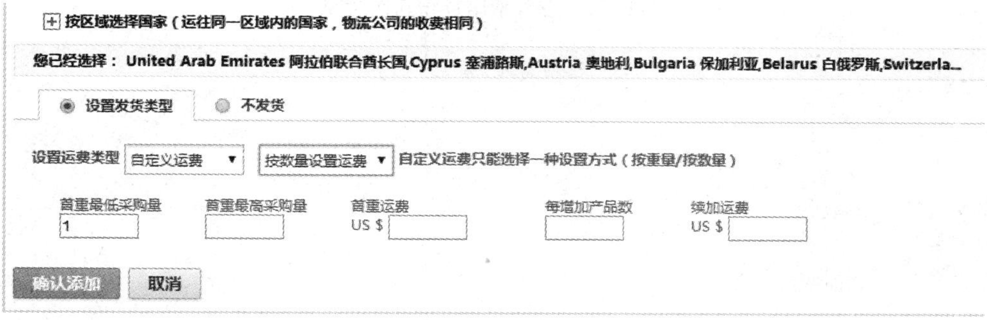

图 6.20　“自定义运费”设置

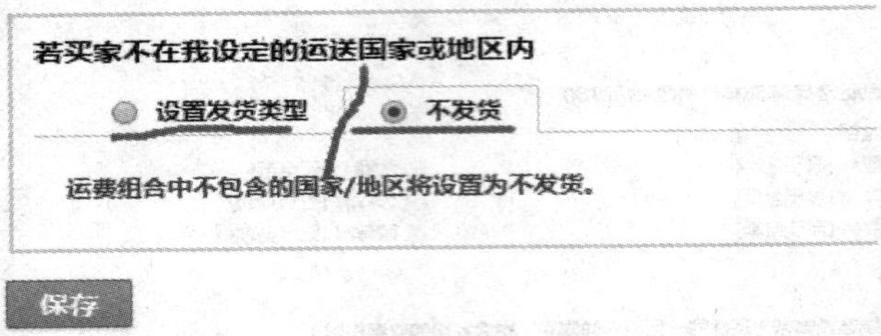

若买家不在我设定的运送国家或地区内

设置发货类型　不发货

运费组合中不包含的国家/地区将设置为不发货。

保存

图 6.21　设置不发货

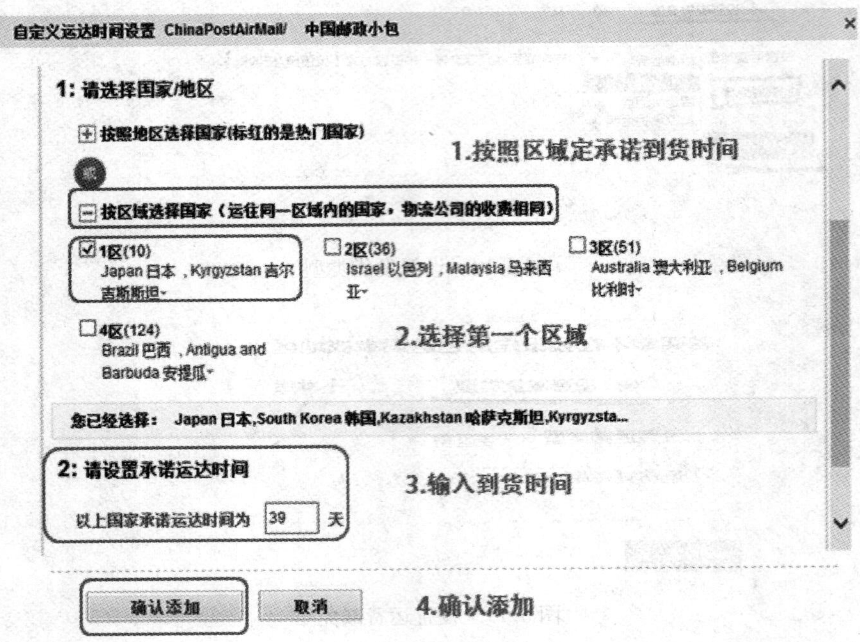

图 6.22　设置承诺货物到达时间

实验项目 7

Chapter 7

店铺装修与运营

实验目的：

(1)掌握店铺装修的步骤。

(2)了解限时折扣的用途并掌握其设置方法。

(3)了解全店铺折扣的用途并掌握其设置方法。

(4)了解满立减的用途并掌握其设置方法。

(5)了解优惠券的用途并掌握其设置方法。

(6)了解平台活动的用途并掌握其设置方法。

实验任务：熟悉店铺装修的相关按钮、设置一个平台活动。

7.1　店铺装修

店铺装修影响着店铺是否会有高的浏览量，好的店铺装修会延长客户停留店铺的时间，提高支付转化率，由此可见店铺装修的重要性。好的店铺装修会给买家留下好印象，另一方面，通过店铺装修来吸引买家眼球，也会起到有效的作用。店铺分为 PC 店铺和无线店铺，PC 店铺是指用计算机客户端登录速卖通所看到的店铺装修效果，而无线店铺装修是指通过手机登录速卖通看到的店铺装修效果。店铺装修的主要内容包括图片店招、图片轮播、商品推荐和自定义内容区。下面以 PC 店铺为例介绍店铺装修。

第一步：进入速卖通店铺后台→店铺，点击“店铺装修及管理”，页面如图 7.1 所示。

进入店铺装修及管理页面，可以看到 PC 店铺和无线店铺，点击进入装修，即可开始装修店铺。在装修之前也可先查看装修市场，点击 PC 店铺后边的“查看装修市场”，出现如图 7.2 所示页面。

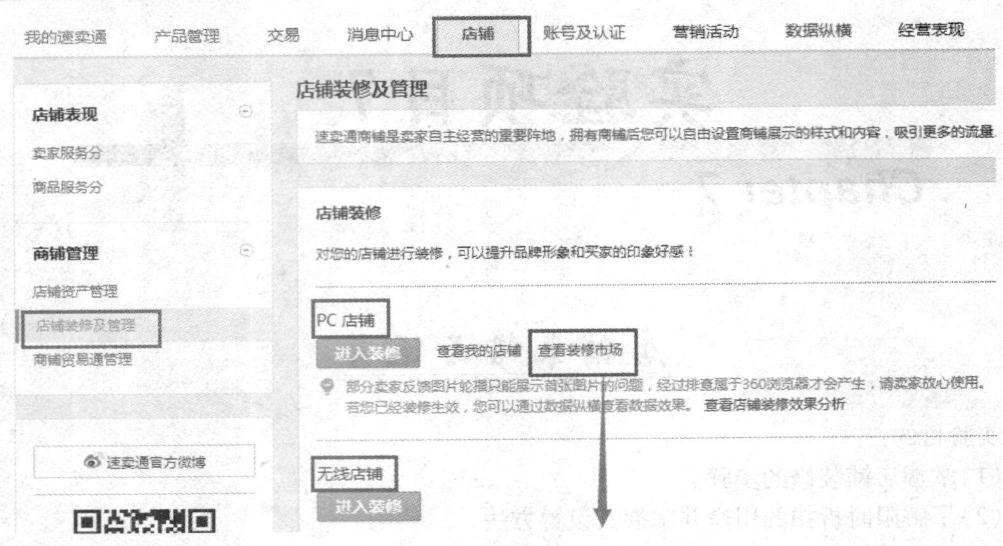

图 7.1　店铺装修及管理

该装修市场是速卖通平台为卖家提供的平台服务，是官方提供的装修商城，根据商品类目及样式风格不同，价钱不等(例，10 元一个月)。根据店铺出售商品的种类选择相应类目，再选择图片，点击“马上试用”，即可出现效果图。

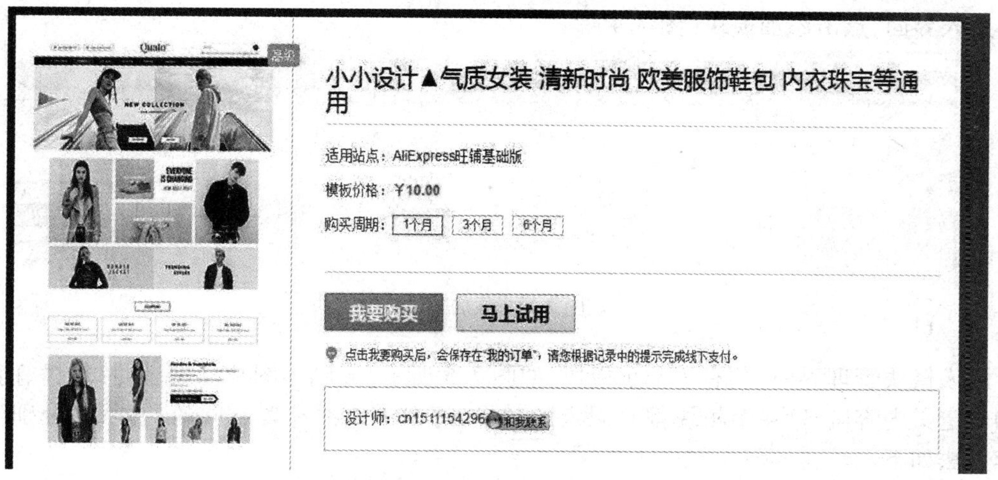

图 7.2　装修市场

如不需要平台提供的模板，也可自行装修（图 7.3）。在店铺装修界面，点击“进入装修”，开启店铺装修之旅。

图 7.3　自行装修

进入界面,点击添加模块(图7.4)。

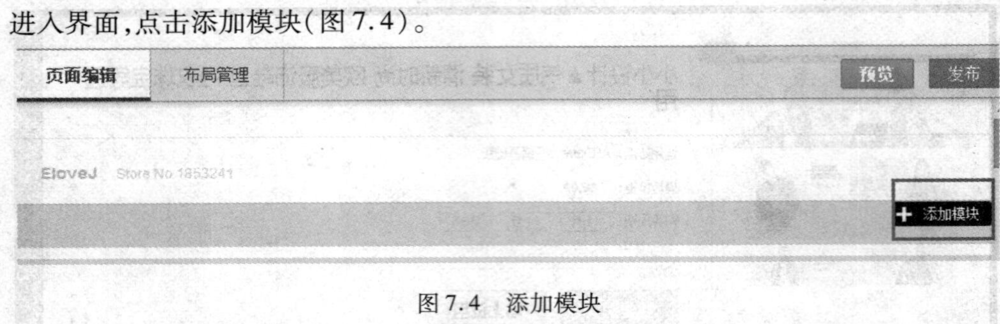

图7.4 添加模块

进入模块管理界面,共有4个小板块,如图7.5所示,分别为图片店招、图片轮播、商品推荐和自定义内容区,这4个板块都有限定的数量,每个模块都有着不同的功能,需分别设置,操作方法如下。

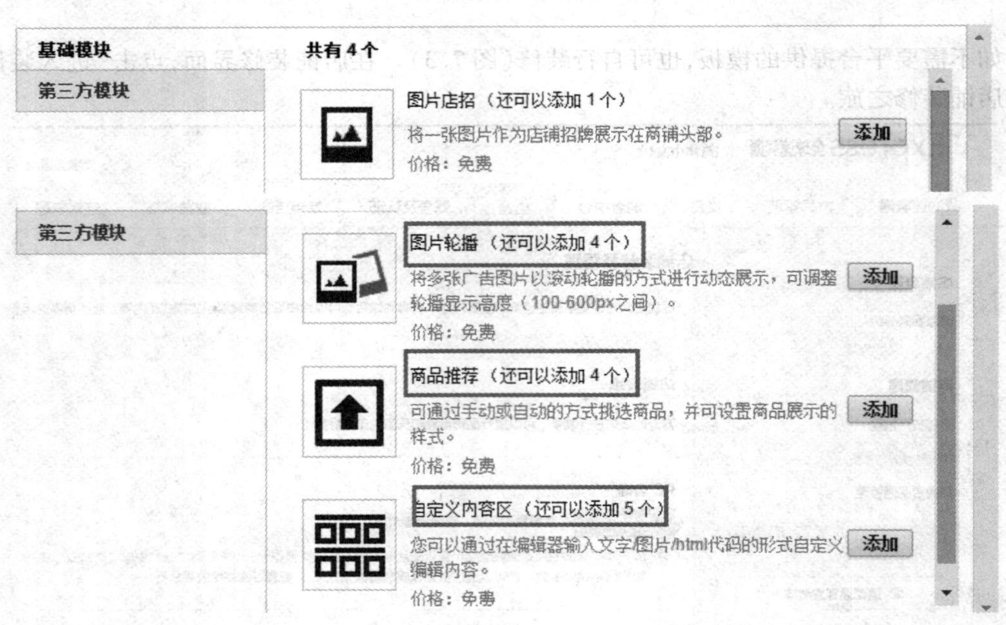

图7.5 模块管理界面

(1)图片店招。点击“添加”按钮,即可添加图片店招模板(图7.6),然后进行编辑,编辑结束点击“保存”按钮保存。

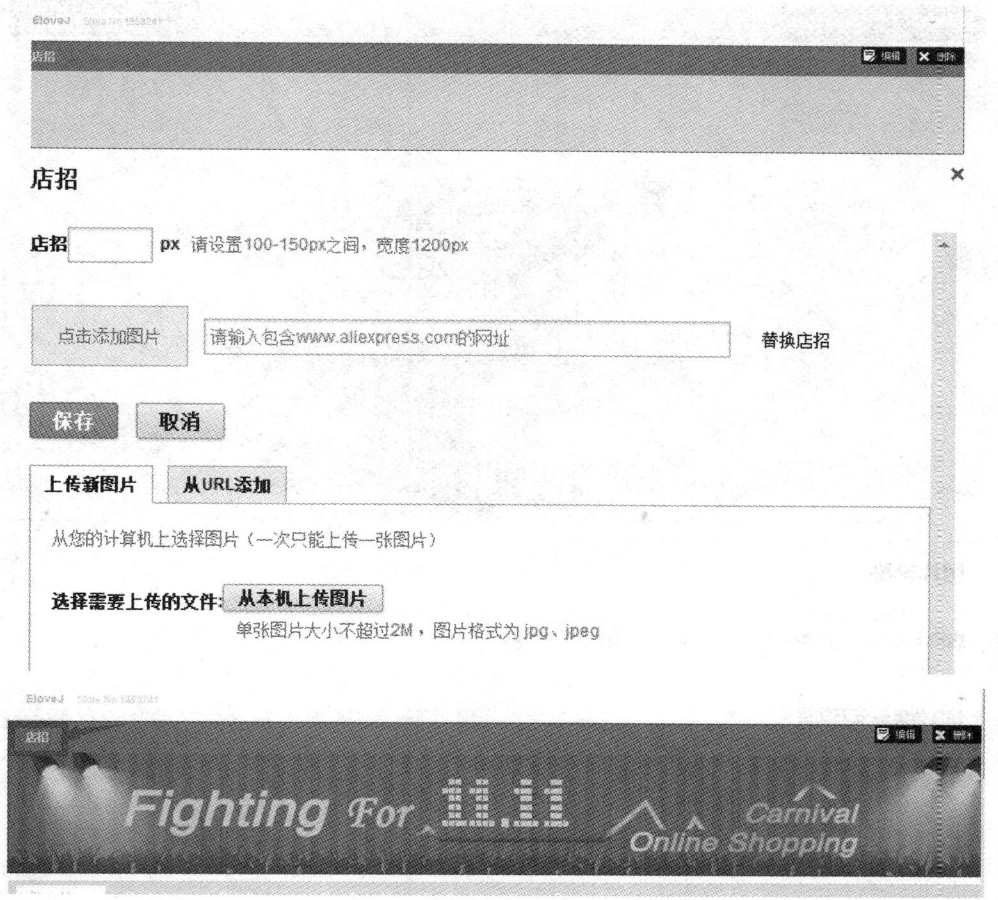

图 7.6　添加图片店招

进入店铺的第一眼看到的就是店招，店招作为一个主题图片存在，时刻提醒着买家重大节日的到来。

(2) 图片轮播(图 7.7)。轮播图是卖家店铺首页中轮流播放的图片，一般将店铺中热销商品的图片用作轮播图片，最多可放 5 张图片。

图片轮播
编辑
删除

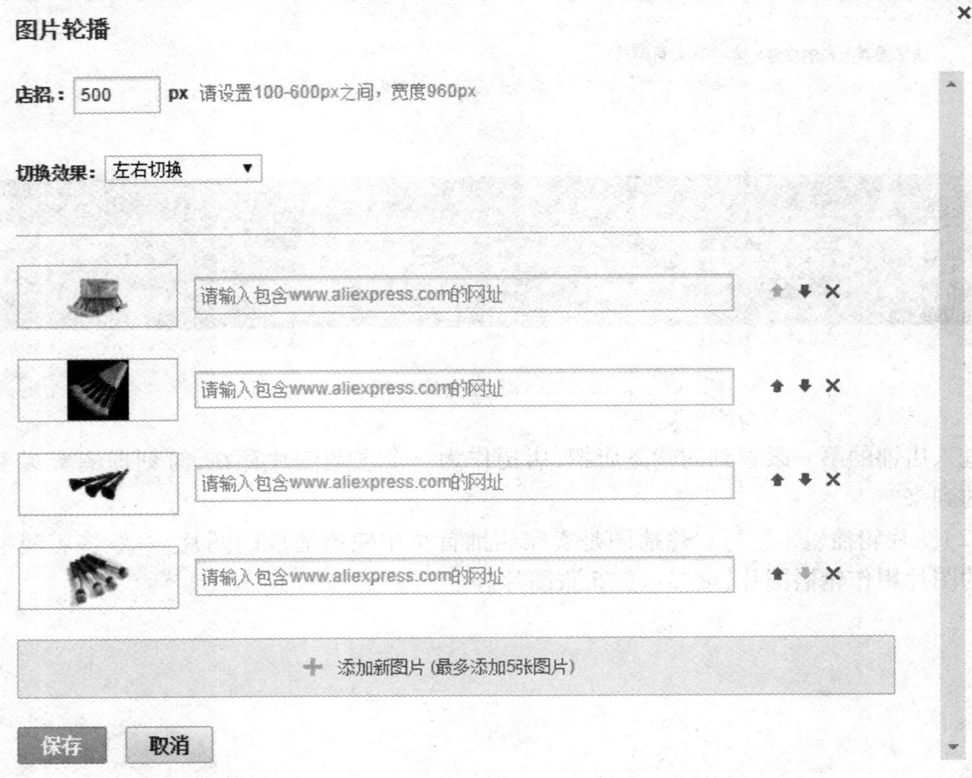
图片轮播
店招：500 px 请设置100-600px之间，宽度960px
切换效果：左右切换
请输入包含www.aliexpress.com的网址
请输入包含www.aliexpress.com的网址
请输入包含www.aliexpress.com的网址
请输入包含www.aliexpress.com的网址
添加新图片（最多添加5张图片）
保存
取消

图 7.7　图片轮播

通过图片轮播买家可以了解到卖家热销的商品，判断这一时期哪些商品是流行的和潮流的。

(3)商品推荐(图 7.8)。

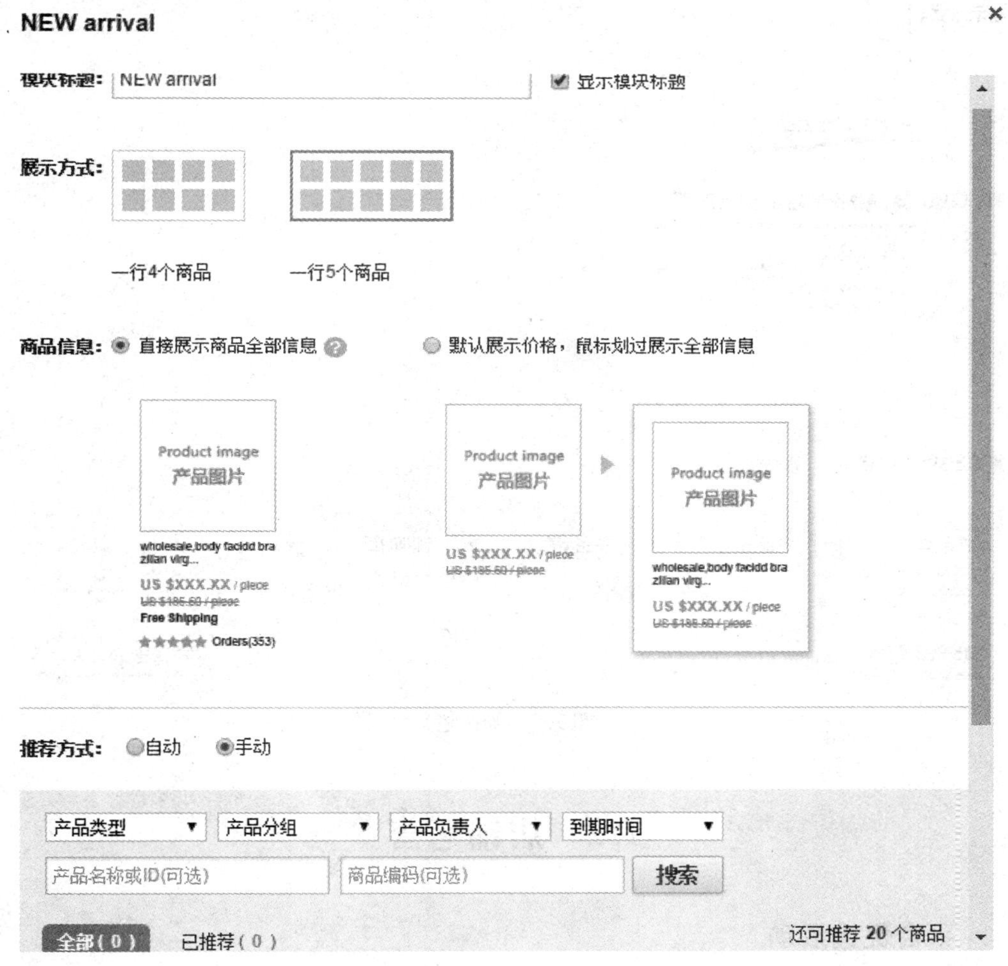

图 7.8　商品推荐

在商品推荐一栏中可以体现出卖家热销商品、新到商品还有特价商品等。

(4)自定义区。

通过编辑器输入文字、图片、代码的形式自定义编辑内容。

卖家可以在侧边栏(图 7.9)放一些高点击量、高浏览量的商品展现给买家。

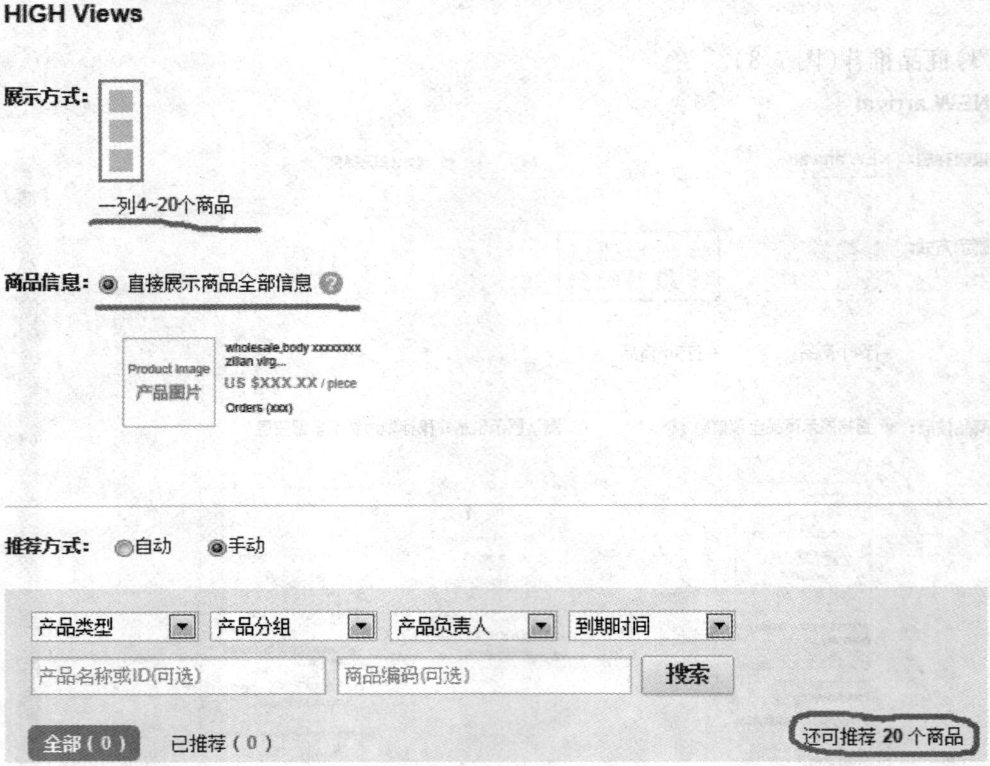

HIGH Views

展示方式：

一列4~20个商品

商品信息：直接展示商品全部信息

Product Image 产品图片 wholesale,body xxxxxxxx zilian virg... US $XXX.XX / piece Orders (xxx)

推荐方式：自动 手动

产品类型 产品分组 产品负责人 到期时间

产品名称或ID(可选) 商品编码(可选) 搜索

全部(0) 已推荐(0) 还可推荐 20 个商品

图 7.9 侧边栏

7.2 店铺运营

7.2.1 平台促销活动

平台促销活动(图 7.10)是指阿里巴巴全球速卖通面向卖家推出的免费推广服务。它包含 SuperDeals 活动和在特定行业、特定主题下的产品推广活动。每一期活动都会在 My AliExpress 的"营销中心"频道中进行招商。卖家可以用符合招商条件的产品报名参选,一旦入选,卖家的产品就会出现在活动的发布页面,获得推广。

如果卖家的产品入选了速卖通促销平台活动,它们将在单独的活动促销页面上展示,获得更多的曝光机会,从而可能带来更多订单。

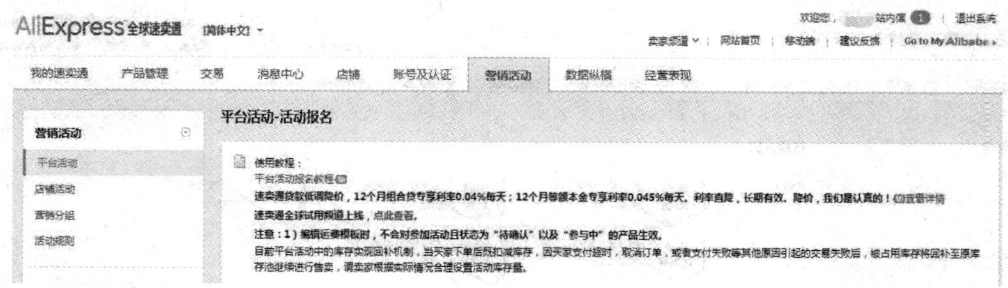

图 7.10　平台促销活动

如何报名参加速卖通平台促销活动？

在营销活动→平台活动，选择卖家希望参加的活动，点击"我要报名"，并按照页面提示选择要参选的产品，点击"参加活动"链接，填写好活动必需的字段，依次填写完毕，点击"提交"即可，如图 7.11 所示。

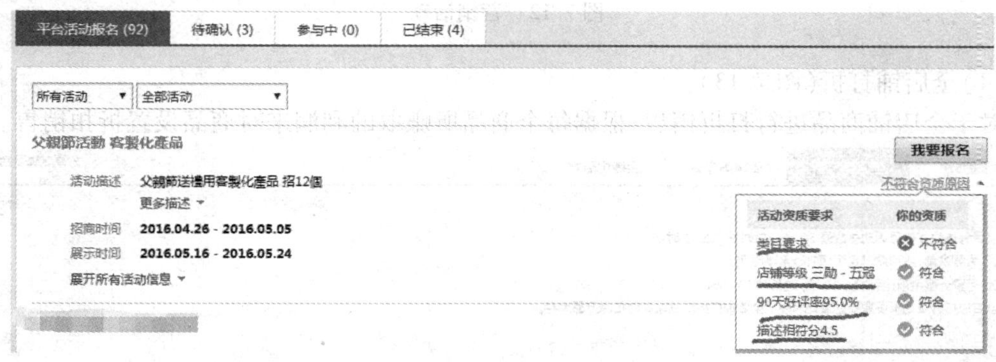

图 7.11　报名参加促销活动

7.2.2　速卖通营销活动

与平台促销活动不同的是，营销活动（图 7.12）是每个卖家都可以参加的，根据自己店铺的实际情况来设置符合自己店铺的活动，从而为自己的店铺获取利益的最大化。下面介绍几种营销活动。

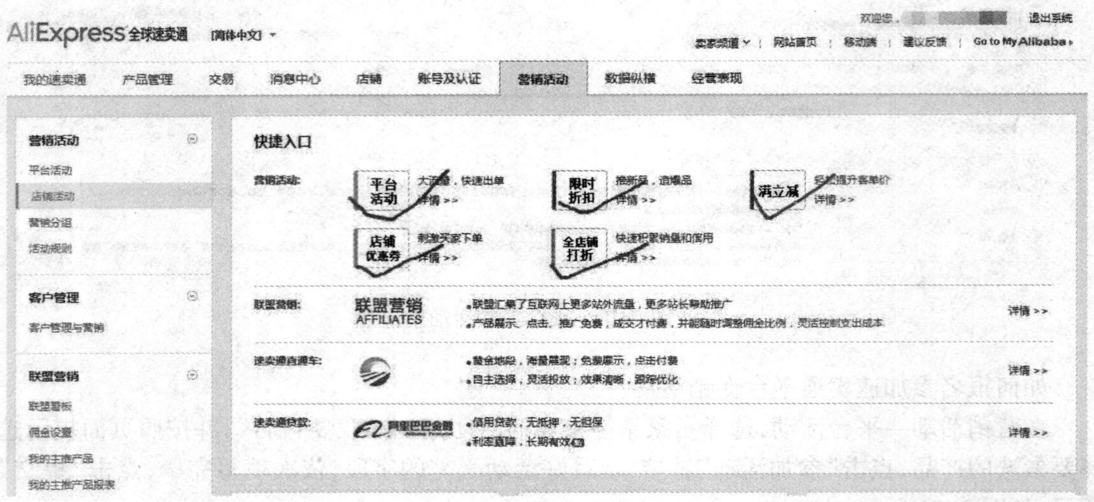

图 7.12　营销活动

（1）全店铺打折（图 7.13）。

对于全店铺商品进行打折销售，根据每个商品所赚取的利润来对商品设置折扣销售。

限时限量折扣　全店铺打折　店铺满立减　店铺优惠券　　分享店铺及活动

以月为单位，每月活动总数量 20 个，总时长 720 小时；
05 月剩余量：活动数：18 个；时长：528 小时
06 月预计剩余量：活动数：20 个；时长：720 小时
全店铺打折活动不设置独立活动库存，全店铺打折产品售卖时扣减产品库存。

创建活动　营销分组设置　　活动状态 全部

活动名称	活动开始时间	活动结束时间	当前状态	操作
[illegible]	[illegible]	[illegible]	未开始	编辑
4.29	2016/05/01 19:00	2016/05/05 23:59	展示中	查看活动详情 打折不成功商品
4.18	2016/04/26 00:00	2016/04/30 23:59	已结束	查看活动详情 打折不成功商品
4.18	2016/04/22 03:00	2016/04/25 23:59	已结束	查看活动详情 打折不成功商品
4.15	2016/04/18 00:00	2016/04/21 23:59	已结束	查看活动详情 打折不成功商品
4.14	2016/04/14 00:00	2016/04/17 23:59	已结束	查看活动详情 打折不成功商品

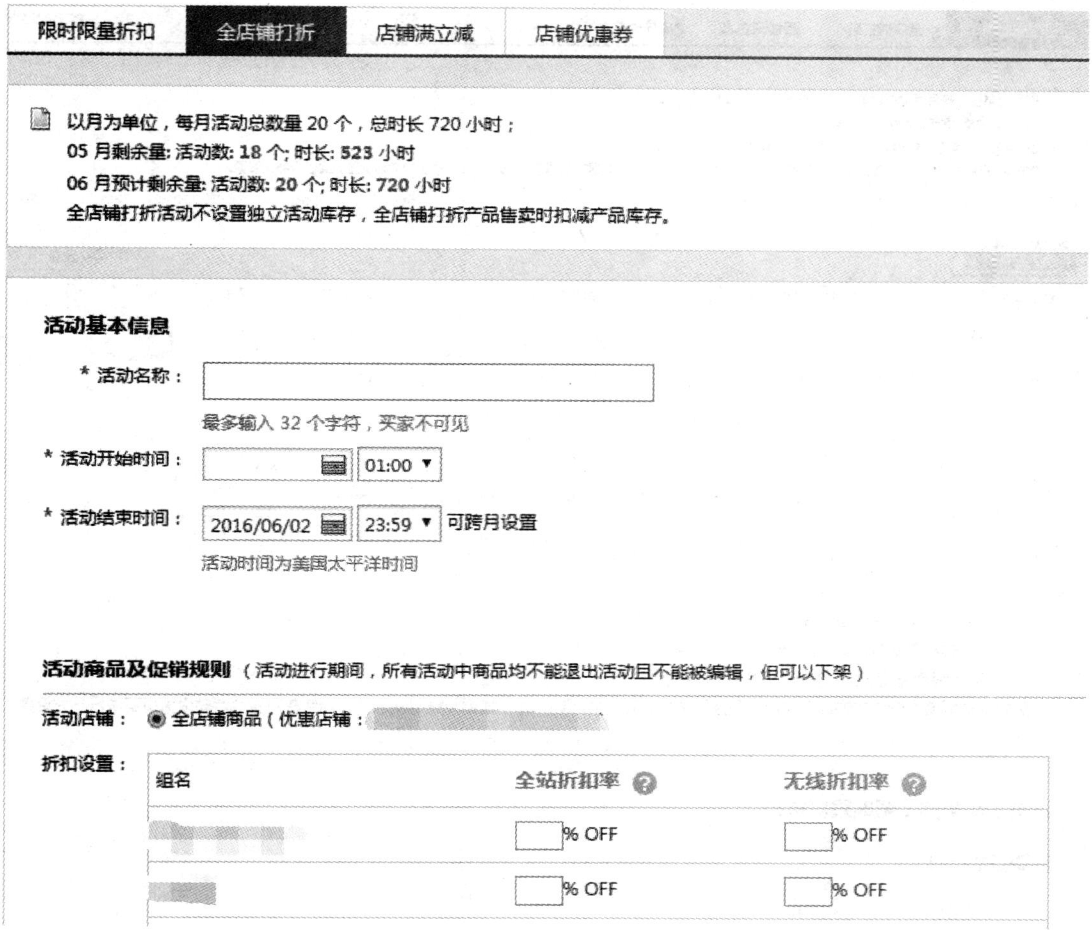

限时限量折扣　全店铺打折　店铺满立减　店铺优惠券

以月为单位，每月活动总数量 20 个，总时长 720 小时；
05 月剩余量: 活动数: 18 个; 时长: 523 小时
06 月预计剩余量: 活动数: 20 个; 时长: 720 小时
全店铺打折活动不设置独立活动库存，全店铺打折产品售卖时扣减产品库存。

活动基本信息

* 活动名称：

最多输入 32 个字符，买家不可见

* 活动开始时间：　01:00

* 活动结束时间：2016/06/02　23:59　可跨月设置

活动时间为美国太平洋时间

活动商品及促销规则（活动进行期间，所有活动中商品均不能退出活动且不能被编辑，但可以下架）

活动店铺：◉ 全店铺商品（优惠店铺：

折扣设置：

组名	全站折扣率	无线折扣率
	% OFF	% OFF
	% OFF	% OFF

图 7.13　全店铺打折

(2)限时限量折扣(图 7.14)。

由字面意思可看出,限时限量折扣对时间和商品数量有限制要求,在规定的时间内对于特定的商品进行折扣销售。

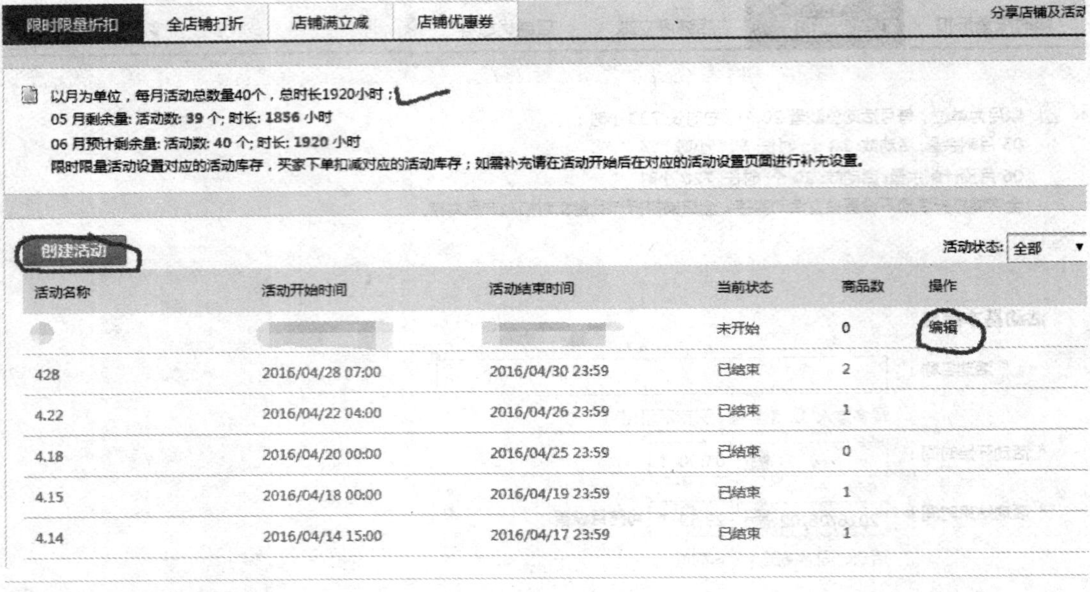

以月为单位，每月活动总数量40个，总时长1920小时；
05 月剩余量: 活动数: 39 个; 时长: 1856 小时
06 月预计剩余量: 活动数: 40 个; 时长: 1920 小时
限时限量活动设置对应的活动库存，买家下单扣减对应的活动库存；如需补充请在活动开始后在对应的活动设置页面进行补充设置。

店铺活动类型：限时限量折扣

活动基本信息

* 活动名称: 活动名称最大字符数为32

* 活动开始时间: 00:00

* 活动结束时间: 23:59 可跨月设置

时间备注: 活动时间为美国太平洋时间

确定

图 7.14　限时限量折扣

(3)满立减(图7.15)。

根据买家在店铺消费的情况来设置满立减活动,例如:购买 MYM99 可以减 MYM4,从另一方面给买家优惠,给买家留下深刻印象。

限时限量折扣　全店铺打折　店铺满立减　店铺优惠券　分享店铺及活动

以月为单位，每月活动总数量 10 个，总时长 720 小时；
可创建次月开始的活动；
05 月剩余活动：数量 10 个，总时长 720 小时
06 月剩余活动：数量 10 个，总时长 720 小时
07 月剩余活动：数量 10 个，总时长 720 小时

创建活动　活动类型：全部活动类型　活动状态 全部活动状态

活动名称	活动类型：	活动开始时间	活动结束时间	活动状态	操作
4.29	全店铺满立减	2016/04/29 19:00	2016/04/30 23:59	已结束	查看活动详情
4.22	全店铺满立减	2016/04/22 16:00	2016/04/26 23:59	已结束	查看活动详情
410	全店铺满立减	2016/04/15 19:00	2016/04/17 23:59	已结束	查看活动详情
410	全店铺满立减	2016/04/11 01:00	2016/04/14 23:59	已结束	查看活动详情
0404	全店铺满立减	2016/04/05 03:00	2016/04/07 23:59	已结束	查看活动详情
329	全店铺满立减	2016/03/29 00:00	2016/03/31 23:59	已结束	查看活动详情
3.21	全店铺满立减	2016/03/22 01:00	2016/03/25 23:59	已结束	查看活动详情

重要提示：

1、当"全店铺打折"活动和"限时限量折扣"活动时间上有重叠时,以限时限量折扣为最高优先级展示。"限时限量折扣"结束后,如果"全店铺打折"时间还在继续,该产品会继续展示全店铺打折的折扣。查看规则
2、限时限量活动中，买家下单既扣减库存，当出现买家支付超时，或者其他原因交易关闭后，被占用库存将回补至原库存池继续进行售卖。
3、对参与店铺活动的产品编辑运费模板时，对店铺活动"锁定"后的产品不生效。
4、**全店铺打折活动的折扣上限调整为50% OFF（部分行业会有所不同）**，详细请见论坛说明。
5、本次329无线大促（包含3.21-4.1期间）全店铺打折和店铺限时限量活动仅可设置无线专享价，详情查看论坛说明。

限时限量折扣　全店铺打折　店铺满立减　店铺优惠券

以月为单位，每月活动总数量 10 个，总时长 720 小时；
可创建次月开始的活动；
05 月剩余活动：数量 10 个，总时长 720 小时
06 月剩余活动：数量 10 个，总时长 720 小时
07 月剩余活动：数量 10 个，总时长 720 小时

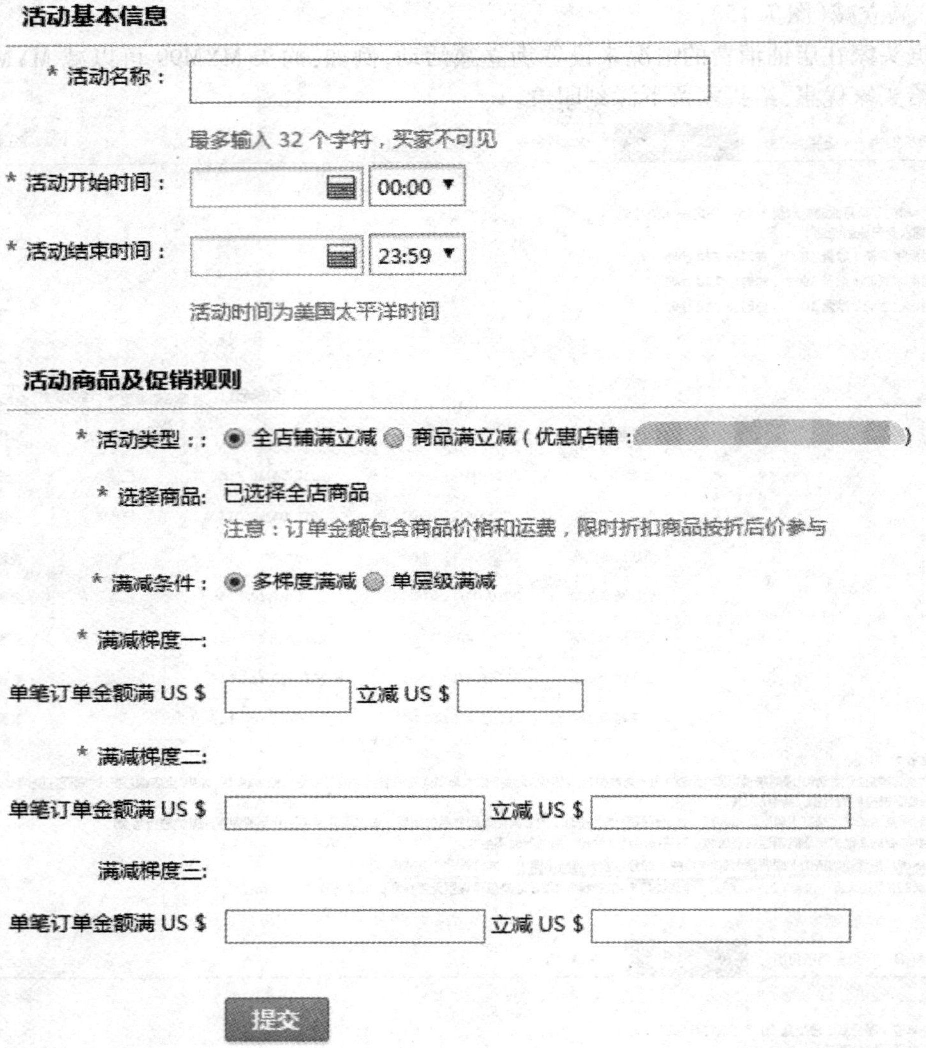

活动基本信息

* 活动名称：

最多输入 32 个字符，买家不可见

* 活动开始时间： 00:00

* 活动结束时间： 23:59

活动时间为美国太平洋时间

活动商品及促销规则

* 活动类型：: 全店铺满立减 商品满立减（优惠店铺： ）

* 选择商品: 已选择全店商品

注意：订单金额包含商品价格和运费，限时折扣商品按折后价参与

* 满减条件： 多梯度满减 单层级满减

* 满减梯度一:

单笔订单金额满 US $ 立减 US $

* 满减梯度二:

单笔订单金额满 US $ 立减 US $

满减梯度三:

单笔订单金额满 US $ 立减 US $

提交

图 7.15 满立减

(4)优惠券(图 7.16)。

可以设置为购买一定金额的商品,来获取不同数额的优惠券,给买家优惠程度增加,同样也使得卖家获取更多的曝光量、浏览量,最终达到更多下单量的目的。

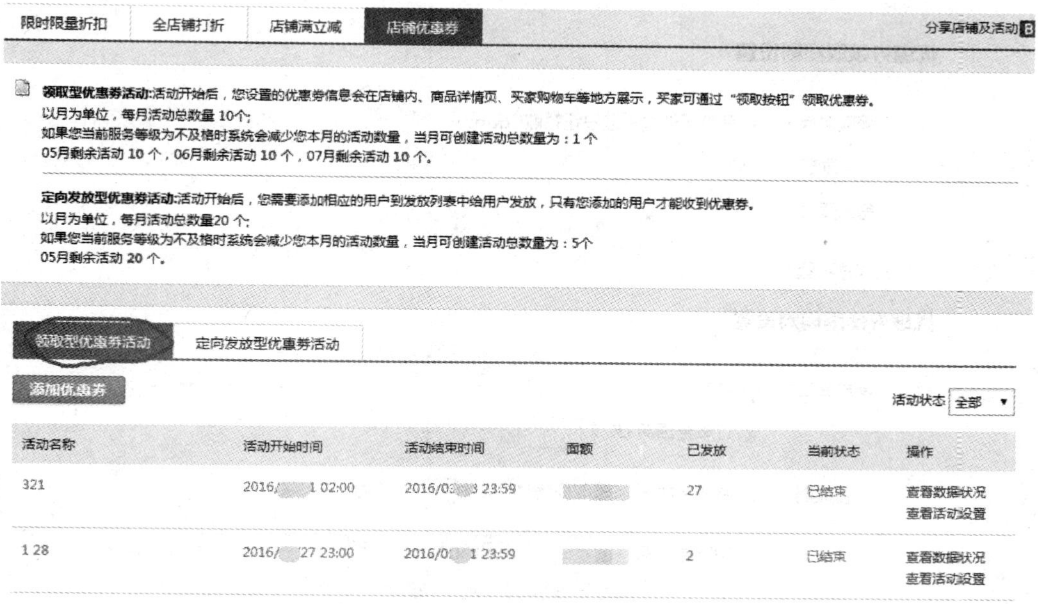

限时限量折扣 | 全店铺打折 | 店铺满立减 | 店铺优惠券 分享店铺及活动

领取型优惠券活动:活动开始后，您设置的优惠券信息会在店铺内、商品详情页、买家购物车等地方展示，买家可通过“领取按钮”领取优惠券。
以月为单位，每月活动总数量 10个;
如果您当前服务等级为不及格时系统会减少您本月的活动数量，当月可创建活动总数量为：1 个
05月剩余活动 10 个，06月剩余活动 10 个，07月剩余活动 10 个。

定向发放型优惠券活动:活动开始后，您需要添加相应的用户到发放列表中给用户发放，只有您添加的用户才能收到优惠券。
以月为单位，每月活动总数量20 个;
如果您当前服务等级为不及格时系统会减少您本月的活动数量，当月可创建活动总数量为：5个
05月剩余活动 20 个。

领取型优惠券活动 | 定向发放型优惠券活动

添加优惠券

活动状态 全部

活动名称	活动开始时间	活动结束时间	面额	已发放	当前状态	操作
321	2016/ 1 02:00	2016/03 3 23:59		27	已结束	查看数据状况 查看活动设置
1 28	2016/ 27 23:00	2016/0 1 23:59		2	已结束	查看数据状况 查看活动设置

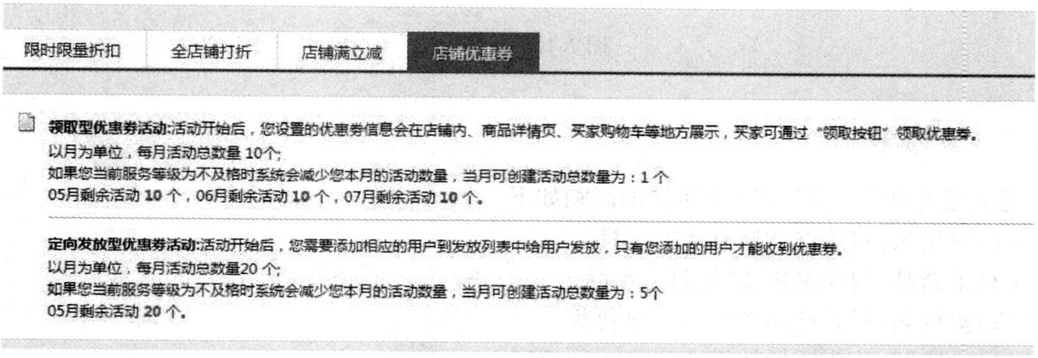

限时限量折扣 | 全店铺打折 | 店铺满立减 | 店铺优惠券

领取型优惠券活动:活动开始后，您设置的优惠券信息会在店铺内、商品详情页、买家购物车等地方展示，买家可通过“领取按钮”领取优惠券。
以月为单位，每月活动总数量 10个;
如果您当前服务等级为不及格时系统会减少您本月的活动数量，当月可创建活动总数量为：1 个
05月剩余活动 10 个，06月剩余活动 10 个，07月剩余活动 10 个。

定向发放型优惠券活动:活动开始后，您需要添加相应的用户到发放列表中给用户发放，只有您添加的用户才能收到优惠券。
以月为单位，每月活动总数量20 个;
如果您当前服务等级为不及格时系统会减少您本月的活动数量，当月可创建活动总数量为：5个
05月剩余活动 20 个。

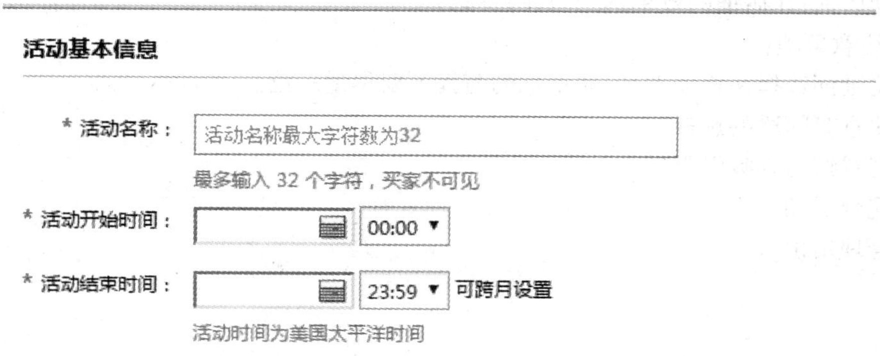

活动基本信息

* 活动名称： 活动名称最大字符数为32
最多输入 32 个字符，买家不可见

* 活动开始时间： 00:00

* 活动结束时间： 23:59 可跨月设置
活动时间为美国太平洋时间

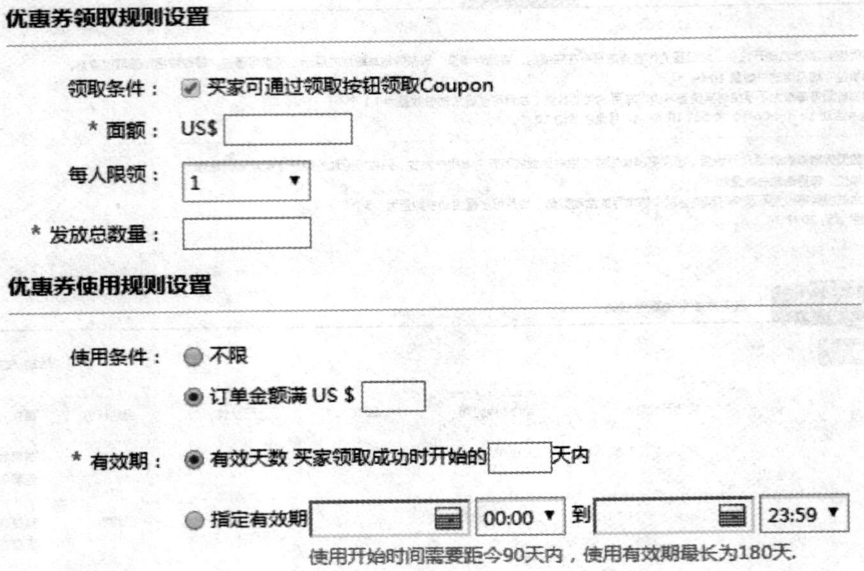

优惠券领取规则设置

领取条件： 买家可通过领取按钮领取Coupon

* 面额： US$

每人限领： 1

* 发放总数量：

优惠券使用规则设置

使用条件： 不限

订单金额满 US $

* 有效期： 有效天数 买家领取成功时开始的 天内

指定有效期 00:00 到 23:59

使用开始时间需要距今90天内，使用有效期最长为180天.

图 7.16　优惠券

7.2.3　直通车

速卖通直通车(图 7.17)对店铺的影响如下。

(1)打爆款:打造爆款最有效的工具。

(2)推新品:快速聚拢流量,打造新品。

(3)提排名:提升产品排名的一把利器。

(4)助店铺:让店铺的效果达到“1 + 1 > 2!”。

推广注意事项:

(1)关键词选择在相关度高、质量优的前提下要尽量广泛。

(2)注意时间段的选择。

(3)创意撰写要吸引眼球。

(4)配合活动。

(5)合理出价。

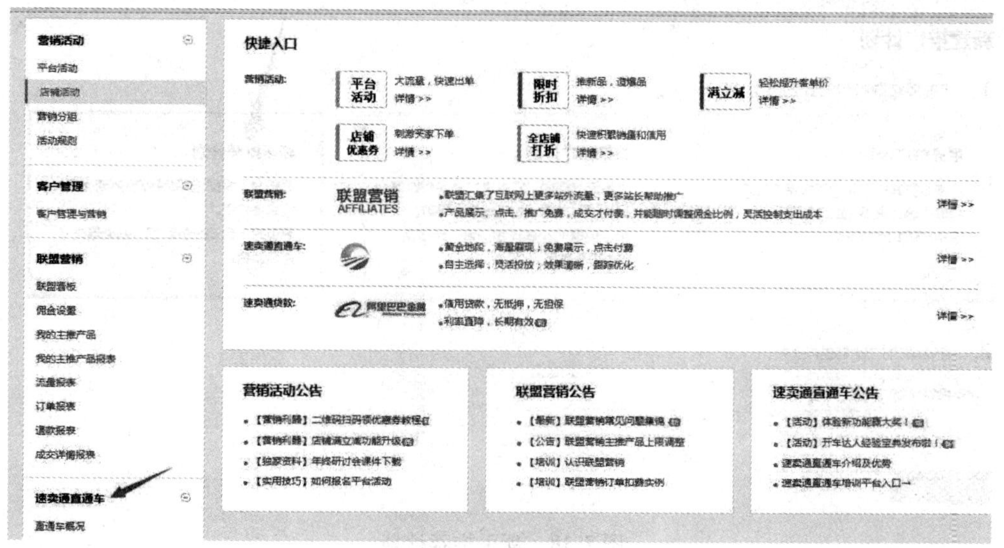

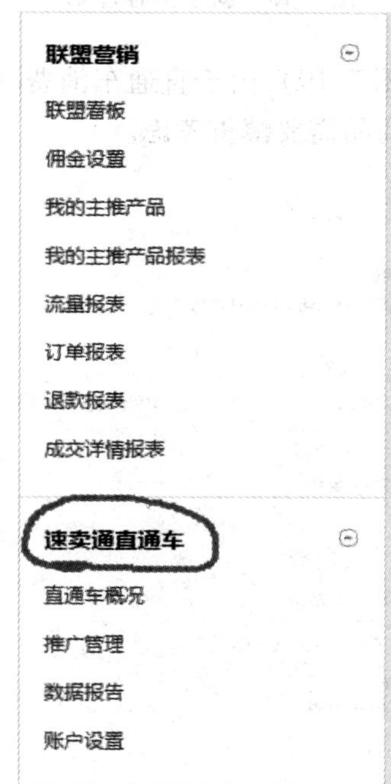

图 7.17　速卖通直通车

下面具体介绍直通车的建立过程。

对于新手来说，直接可以选择新手推荐计划，如图 7.18 所示。

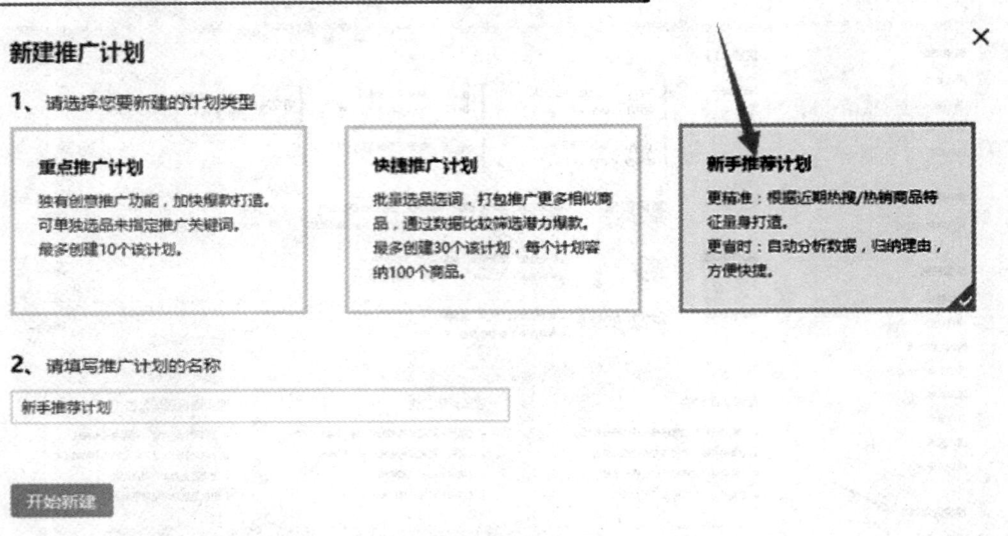

图 7.18　新手推荐计划

首先,选择需要推广的商品(图 7.19),由于直通车消费在于买家对卖家店铺商品的点击量来计算金额,因此,对于推广的商品需要慎重考虑。

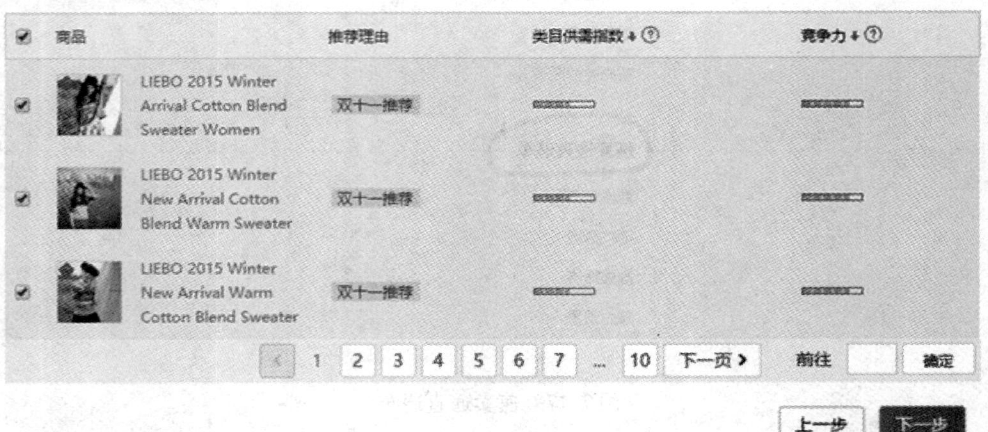

图 7.19　选择需要推广的商品

接下来，是对关键词的选择(图 7.20)，它的目的主要是，设置了关键词后，买家是否可以在第一时间内搜索到他想要的商品，而且恰好卖家也选择了这个关键词，这对卖家店铺销售在直通车环节起着至关重要的作用。卖家所选的关键词不同，价钱也会从高到低排序。选择高搜索量的符合自己店铺的关键词，才会使得利益最大化。

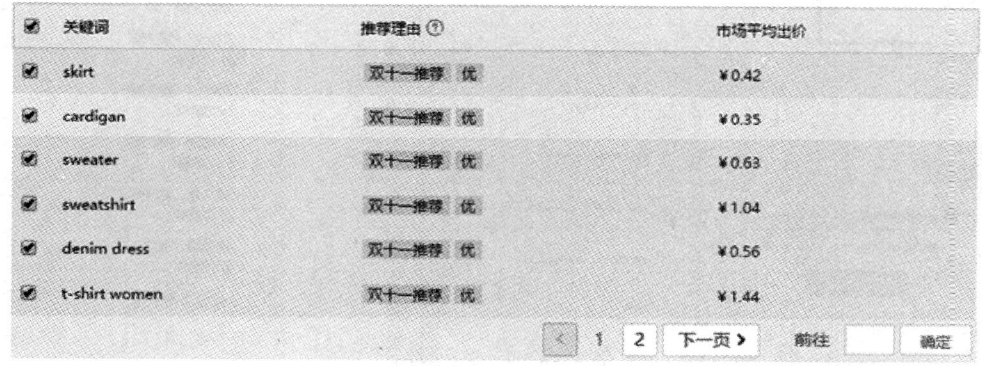

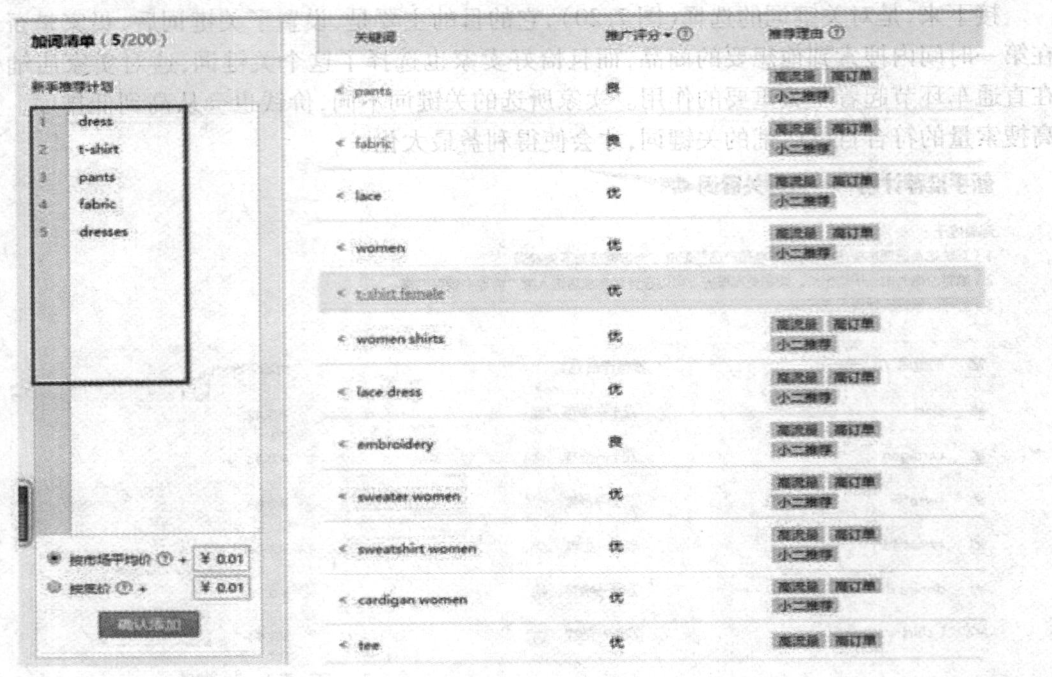

图 7.20　选择关键词

最后，设置成功。

注意图 7.21 中的友情提示！

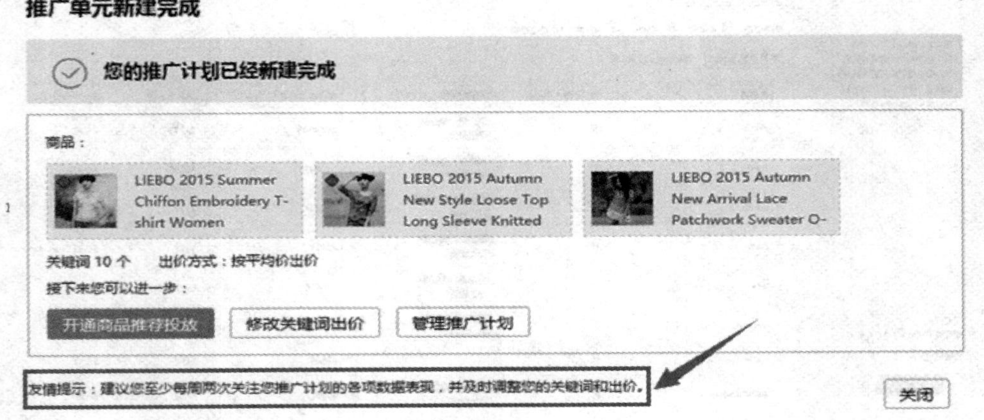

图 7.21　友情提示

下面所展示的是开直通车的细节内容。

(1)设置单次点击价格(图7.22)。

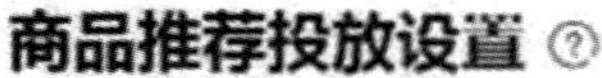

图7.22　设置单次点击价格

(2)商品推荐投放设置(图7.23)。

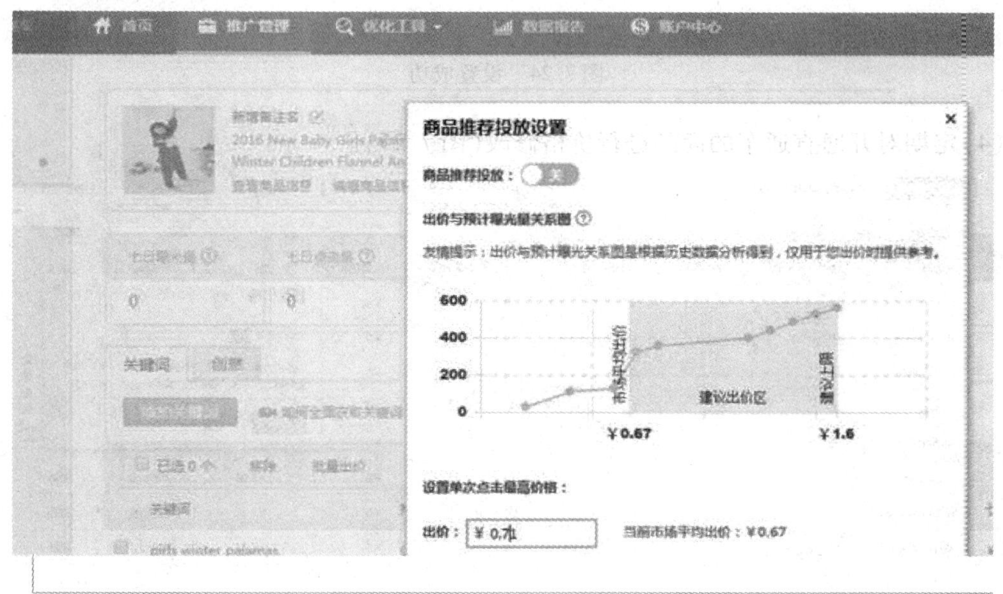

图7.23　商品推荐投放设置

(3)设置成功后,卖家的商品在直通车的展示如图7.24所示。

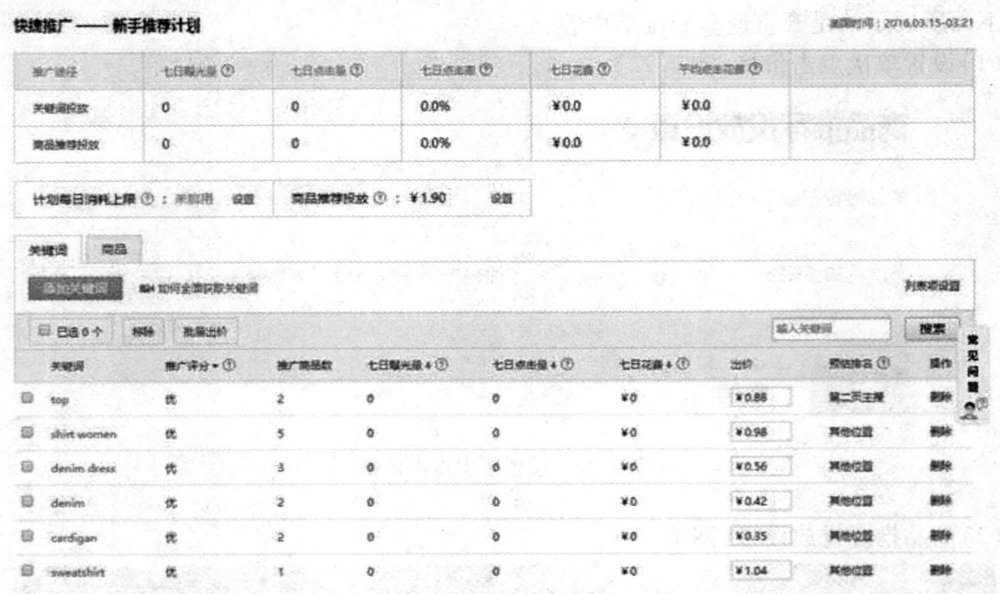

图 7.24　设置成功

(4)定期对开通直通车的商品进行价格修改(图 7.25)。

图 7.25　修改价格

图 7.26 是开通直通车后的商品效果图。

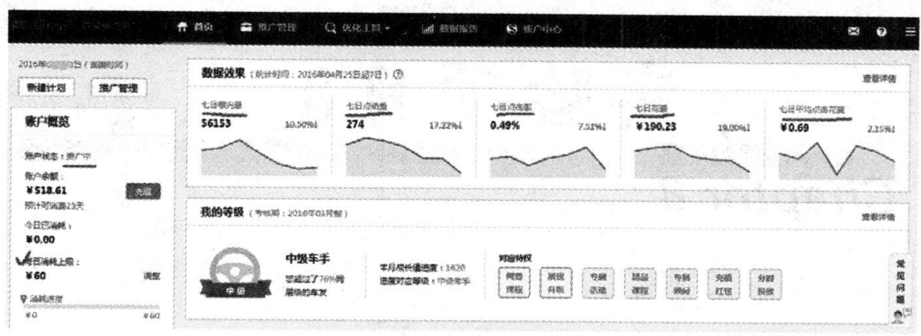

图 7.26　开通直通车后的商品效果

实验项目 8

Chapter 8

客户服务

实验目的:熟悉客服人员的主要工作内容。

实验任务:写一封站内信、处理一个订单留言。

速卖通作为全球货物的零售平台,客户群主要是商品的终端消费者或者是小型的零售商,以终端消费者为主,客户遍布全球。客户购买产品的目的是自己使用,往往对产品的质量、价格以及运输等问题比较关注,及时有效地与客户沟通尤为重要,与客户沟通是否顺畅是影响在线访客流量能否转化为订单的重要影响因素,沟通顺畅也有助于卖家及时处理纠纷,降低纠纷率。随着电商平台竞争的日益激烈,卖家往往不是在拼价格、拼质量,而是在拼服务,与客户进行有效顺畅的沟通、满足客户的需求、解答客户的问题是速卖通客服人员的主要工作内容。在速卖通平台卖家客户主要通过回复站内信、订单留言、处理纠纷三个方面与客户进行沟通。

8.1 站内信

站内信相当于询盘,是买家下订单之前给卖家的询盘,比如询问卖家有关商品的尺寸、颜色、能否打折、到货时间、物流方式等信息。卖家回复站内信的步骤如下:登录卖家入口,进入首页,右上角显示站内信,点击进入查看站内信的内容,并据其内容对客户进行相应的回复。或者在卖家店铺后台首页点击“消息中心”(图 8.1),点击站内信,也可查看站内信的内容并进行回复和处理。已经处理的站内信可标记为已回复,也可打标签。

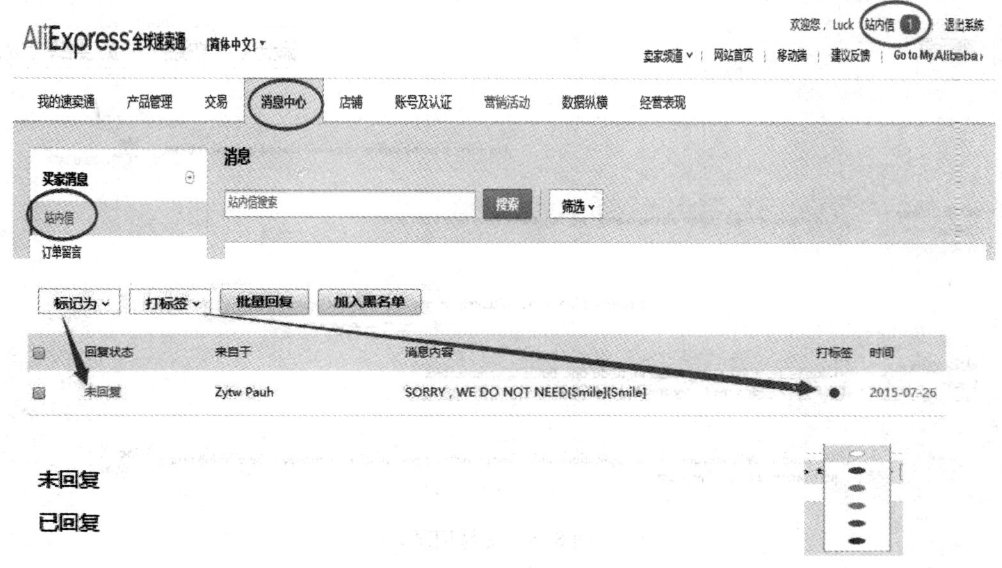

图8.1　消息中心

点击“消息内容”进行回复(图8.2)，回复文字内容的同时也可上传图片。

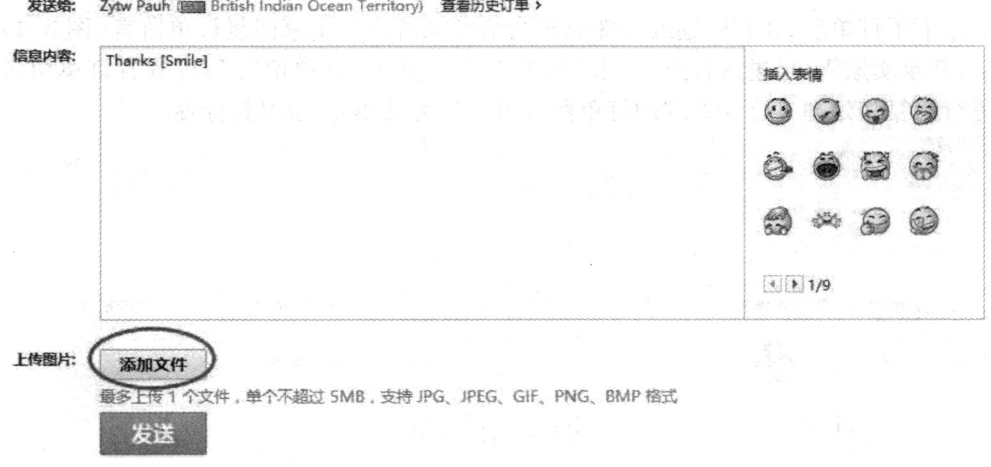

图8.2　回复站内信

曾经的交易记录如图8.3所示。

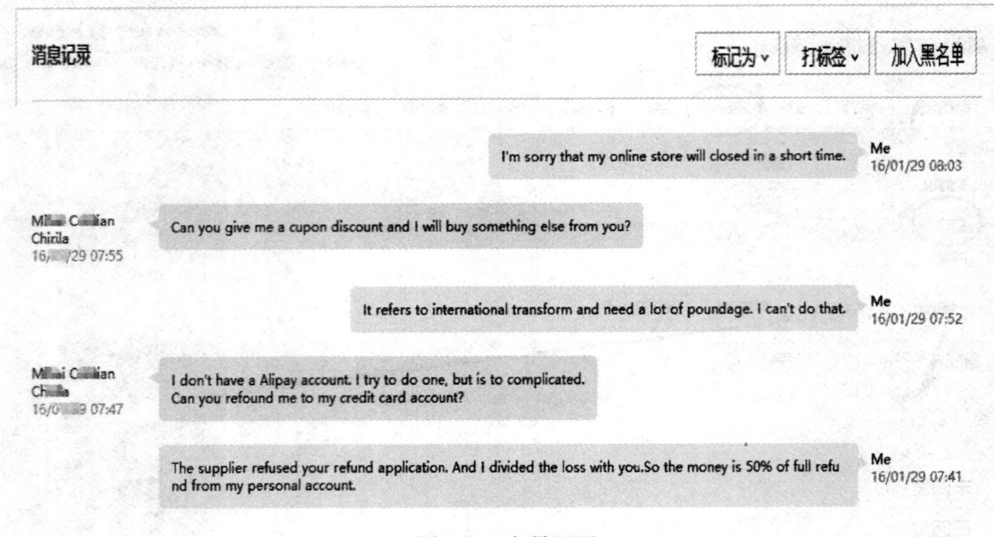

图8.3　交易记录

8.2　订单留言

买家下了订单后,如有问题或特殊要求会给卖家留言。卖家回复订单留言(图8.4)的步骤如下:登录卖家入口,进入首页,点击"消息中心",点击"订单留言",可查看订单留言的内容并进行回复和处理。已经处理的订单留言可标记为已回复,也可打标签。

图8.4　订单留言

点击"订单留言内容"进行回复(图8.5)。

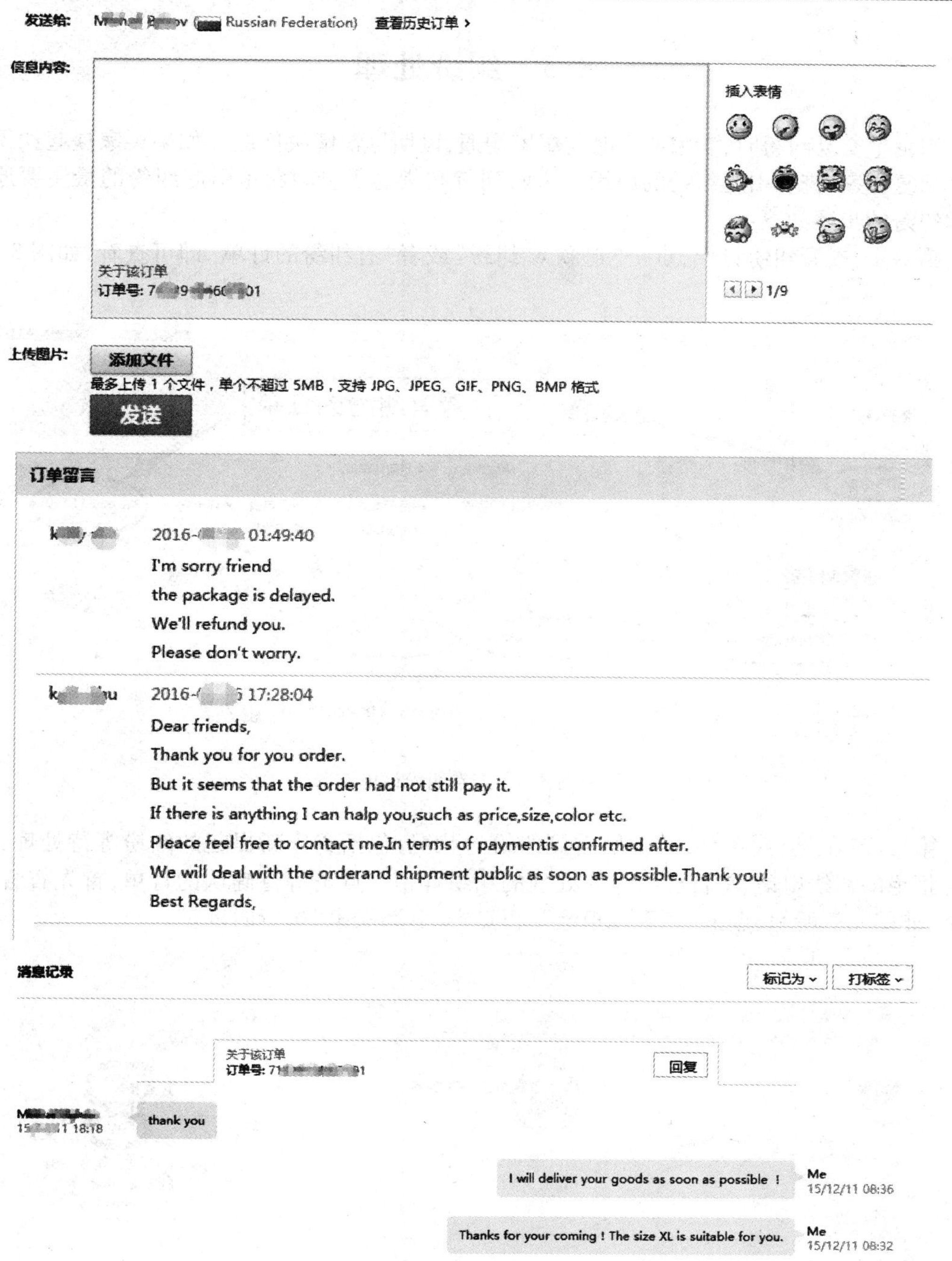
发送给:
Russian Federation)
查看历史订单 ›
信息内容:
关于该订单
插入表情
1/9
上传图片:
添加文件
最多上传 1 个文件，单个不超过 5MB，支持 JPG、JPEG、GIF、PNG、BMP 格式
发送
订单留言
01:49:40
I'm sorry friend
the package is delayed.
We'll refund you.
Please don't worry.
17:28:04
Dear friends,
Thank you for you order.
But it seems that the order had not still pay it.
If there is anything I can halp you,such as price,size,color etc.
Pleace feel free to contact me.In terms of paymentis confirmed after.
We will deal with the orderand shipment public as soon as possible.Thank you!
Best Regards,
消息记录
标记为
打标签
关于该订单
回复
thank you
I will deliver your goods as soon as possible ！
Me
15/12/11 08:36
Thanks for your coming ! The size XL is suitable for you.
Me
15/12/11 08:32

图8.5　回复订单留言

8.3 纠纷处理

当发生交易纠纷时，卖家要及时与买家沟通，以期尽快解决问题。如果买家提起纠纷，应及时回复买家，查明引起纠纷的原因。未收到货和货物质量问题是引起纠纷的最主要原因。处理纠纷的步骤如下：

第一步：查看纠纷订单，点击“退款 & 纠纷”或者“有纠纷的订单”即可查看，如图 8.6 所示。

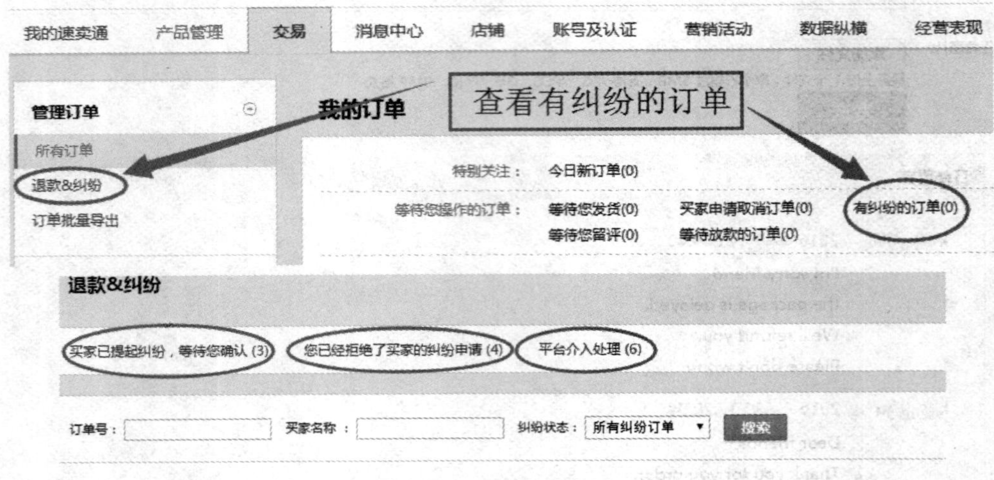

图 8.6　查看纠纷订单

第二步：在“退款 & 纠纷”能够看到纠纷的状况，包括买家新提起的纠纷等待处理、卖家已经拒绝的纠纷申请、平台已经介入处理的纠纷详情。点击等待确认的订单，首先查看纠纷详情，如图 8.7 所示，点击“接受或拒绝”，再点击“联系买家”进行回复。

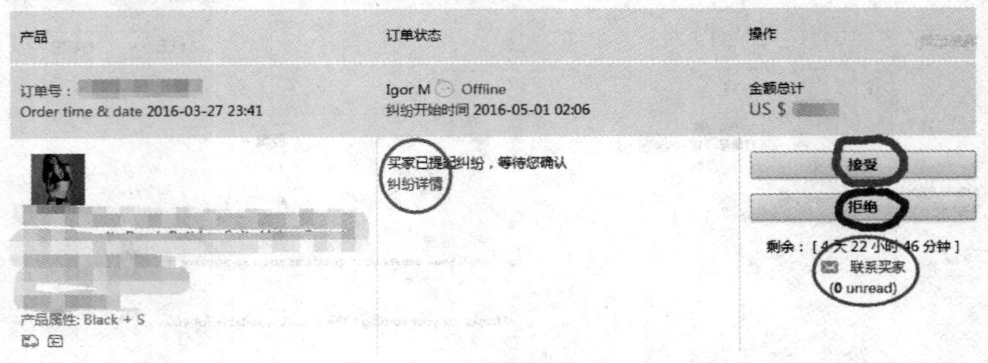

图 8.7　查看纠纷详情

第三步：点击“纠纷详情”，查看纠纷原因，如图 8.8 所示。

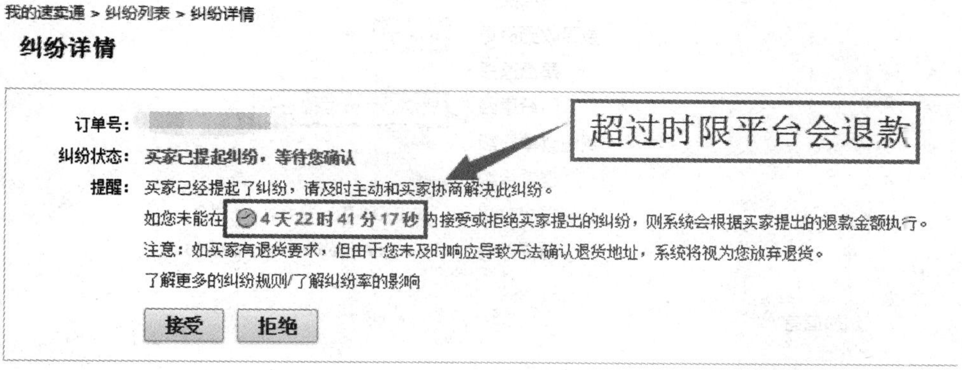

我的速卖通 > 纠纷列表 > 纠纷详情

纠纷详情

订单号：

纠纷状态：买家已提起纠纷，等待您确认

提醒：买家已经提起了纠纷，请及时主动和买家协商解决此纠纷。

如您未能在 4 天 22 时 41 分 17 秒 内接受或拒绝买家提出的纠纷，则系统会根据买家提出的退款金额执行。

注意：如买家有退货要求，但由于您未及时响应导致无法确认退货地址，系统将视为您放弃退货。

了解更多的纠纷规则/了解纠纷率的影响

接受　拒绝

超过时限平台会退款

图 8.8　查看纠纷原因

发生纠纷的原因一般有两种情况：一是收到货但货物款式不符；二是未收到货。如图 8.9、8.10 所示。

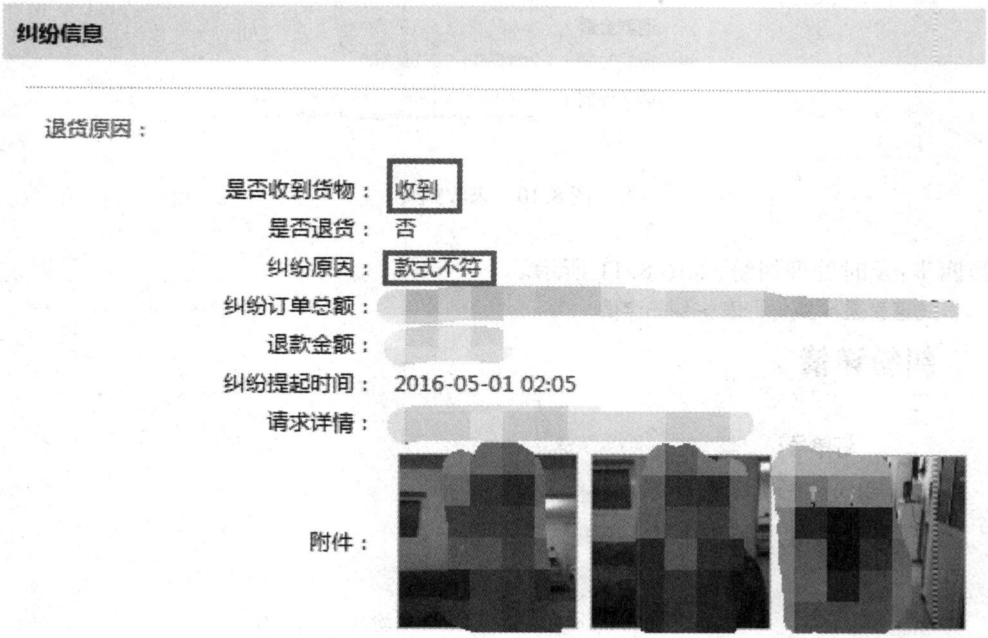

纠纷信息

退货原因：

是否收到货物：收到

是否退货：否

纠纷原因：款式不符

纠纷订单总额：

退款金额：

纠纷提起时间：2016-05-01 02:05

请求详情：

附件：

图 8.9　收到货但货物款式不符

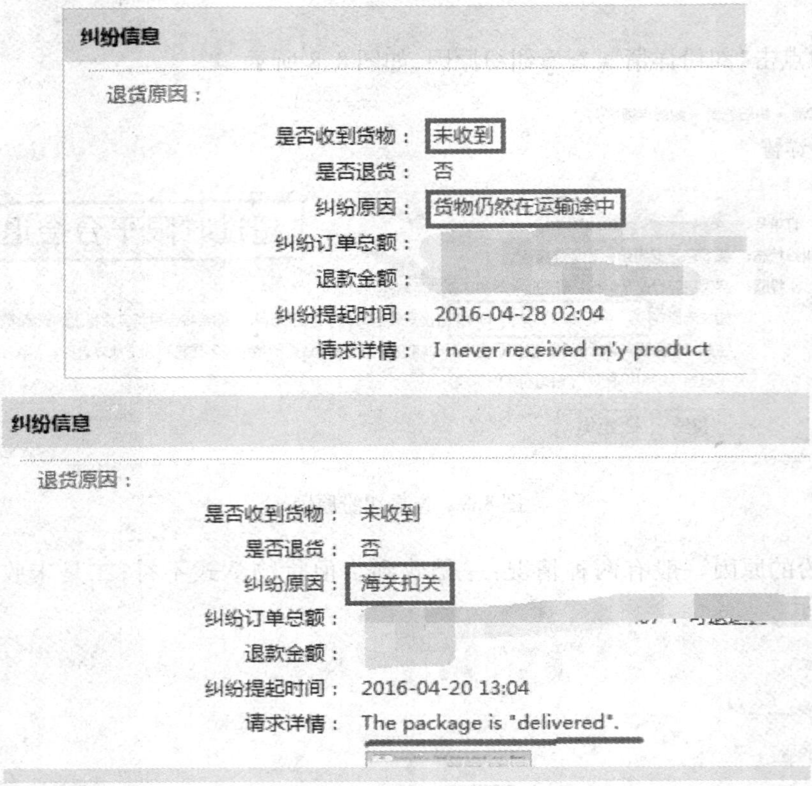

纠纷信息

退货原因：

是否收到货物： 未收到
是否退货： 否
纠纷原因： 货物仍然在运输途中
纠纷订单总额：
退款金额：
纠纷提起时间： 2016-04-28 02:04
请求详情： I never received m'y product

纠纷信息

退货原因：

是否收到货物： 未收到
是否退货： 否
纠纷原因： 海关扣关
纠纷订单总额：
退款金额：
纠纷提起时间： 2016-04-20 13:04
请求详情： The package is "delivered".

图 8.10　未收到货

第四步：及时处理纠纷，如图 8.11 所示。

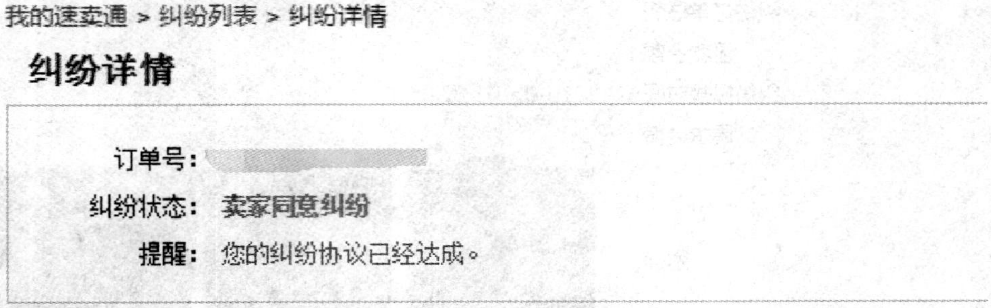

我的速卖通 > 纠纷列表 > 纠纷详情

纠纷详情

订单号：
纠纷状态： 卖家同意纠纷
提醒： 您的纠纷协议已经达成。

图 8.11　及时处理纠纷

遇到纠纷要及时处理，及时与买家沟通，尽量请求买家取消纠纷，注意处理的时间要求。如不及时处理或者卖家响应超时，则平台会直接退款给买家。

处理货物款式不符如图 8.12 所示。

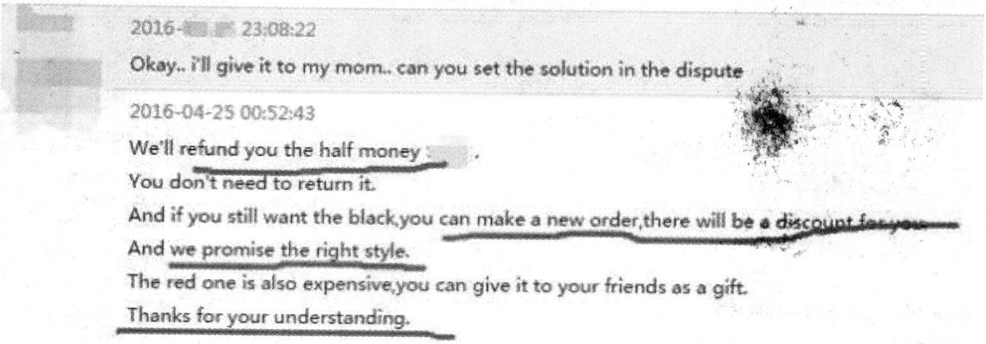

2016-[illegible] 23:08:22

Okay.. i'll give it to my mom.. can you set the solution in the dispute

2016-04-25 00:52:43

We'll refund you the half money [illegible].

You don't need to return it.

And if you still want the black,you can make a new order,there will be a discount for you.

And we promise the right style.

The red one is also expensive,you can give it to your friends as a gift.

Thanks for your understanding.

图 8.12　处理货物款式不符

处理未收到货物如图 8.13 所示。

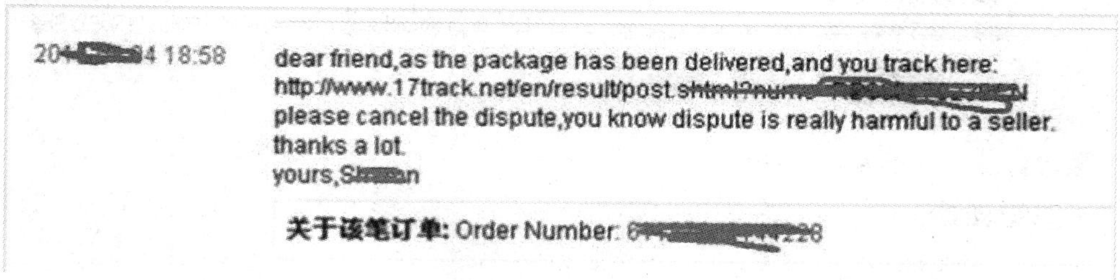

20[illegible]4 18:58

dear friend,as the package has been delivered,and you track here:
http://www.17track.net/en/result/post.shtml?nums=[illegible]
please cancel the dispute,you know dispute is really harmful to a seller.
thanks a lot.
yours,S[illegible]n

关于该笔订单: Order Number: 6[illegible]28

图 8.13　处理未收到货

如果拒绝买家提起的纠纷,则马上升级至平台仲裁(图 8.14)。

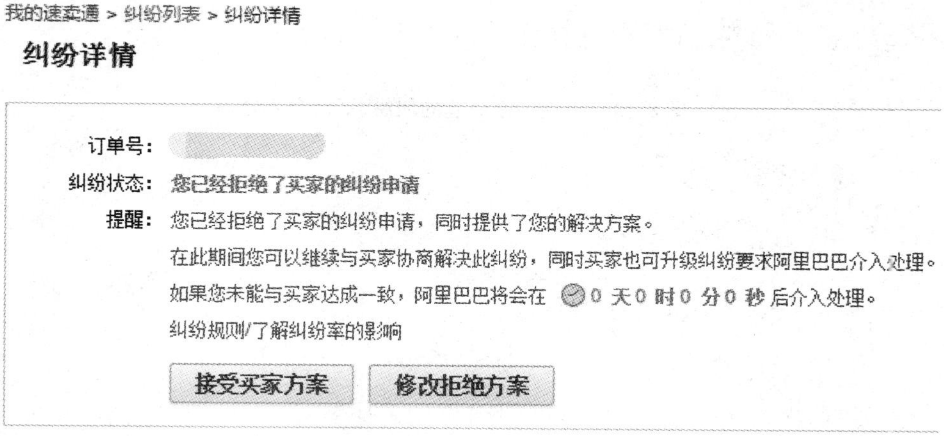

我的速卖通 > 纠纷列表 > 纠纷详情

纠纷详情

订单号:

纠纷状态: 您已经拒绝了买家的纠纷申请

提醒: 您已经拒绝了买家的纠纷申请，同时提供了您的解决方案。
在此期间您可以继续与买家协商解决此纠纷，同时买家也可升级纠纷要求阿里巴巴介入处理。
如果您未能与买家达成一致，阿里巴巴将会在 0 天 0 时 0 分 0 秒 后介入处理。
纠纷规则/了解纠纷率的影响

接受买家方案　修改拒绝方案

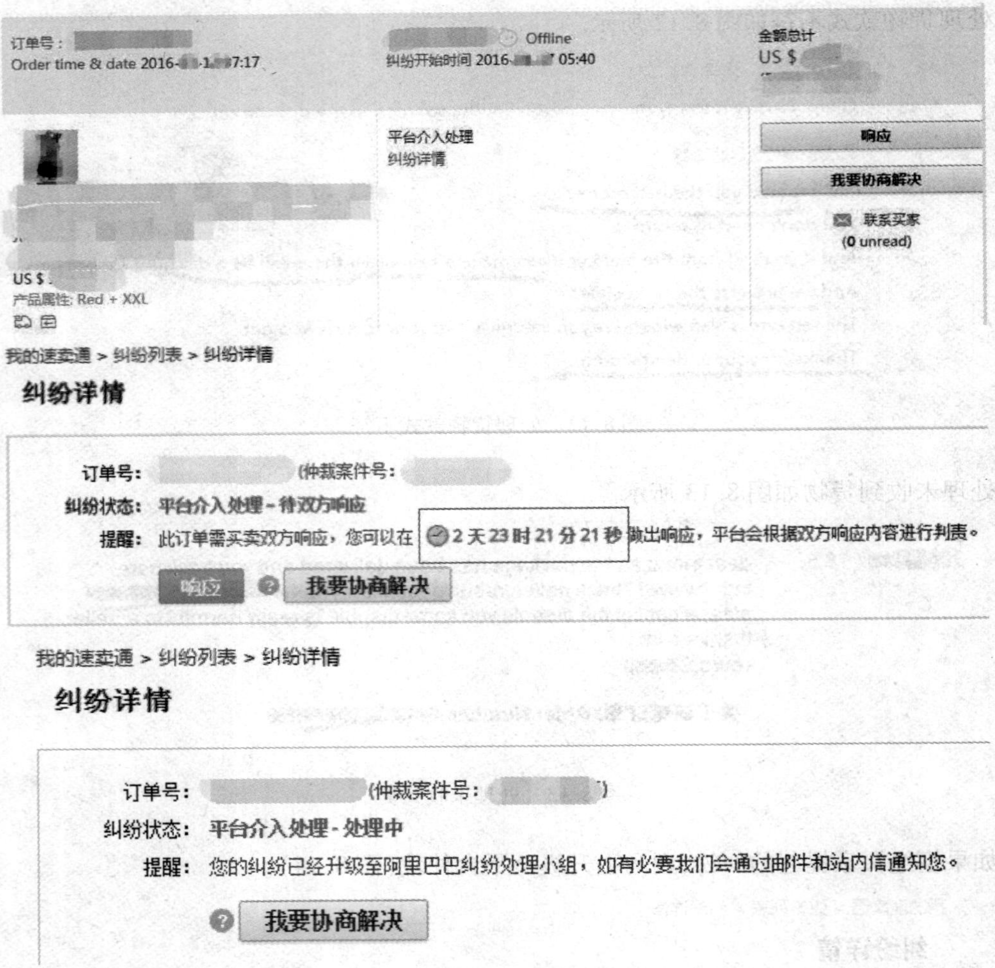

订单号：
Order time & date 2016-　-1　7:17
Offline
纠纷开始时间 2016-　　05:40
金额总计
US $
US $
产品属性: Red + XXL
平台介入处理
纠纷详情
响应
我要协商解决
联系买家
(0 unread)

我的速卖通 > 纠纷列表 > 纠纷详情

纠纷详情

订单号：　(仲裁案件号：
纠纷状态：平台介入处理－待双方响应
提醒：此订单需买卖双方响应，您可以在 2天23时21分21秒 做出响应，平台会根据双方响应内容进行判责。
响应　我要协商解决

我的速卖通 > 纠纷列表 > 纠纷详情

纠纷详情

订单号：　(仲裁案件号：　)
纠纷状态：平台介入处理－处理中
提醒：您的纠纷已经升级至阿里巴巴纠纷处理小组，如有必要我们会通过邮件和站内信通知您。
我要协商解决

图 8.14　拒绝买家提起的纠纷，平台介入处理

实验项目9

Chapter 9

跨境支付:国际支付宝

实验目的:了解取现流程。

实验要求:设置国际支付宝美元账户和人民币账户。

支付宝国际账户是支付宝(中国)网络技术有限公司拥有的国际支付产品,主要是为从事跨境交易的国内用户建立的一个资金账户管理系统。与国内支付宝账户不同的是,这个资金账户是多币种账户,包括美元和人民币账户,目前只有 AliExpress(速卖通)与阿里巴巴国际站会员才能使用,且必须基于阿里巴巴国际站订单操作之后才可以收款。国际支付宝支持买家使用信用卡、银行汇款等多种支付方式,买家付款后卖家发货,卖家收款安全有保障。交易后卖家收款的流程如下。

第一步:登录首页,点击"交易",在"我的订单"界面有等待放款的订单,点击等待放款的订单,点击"请款",如图 9.1 所示。

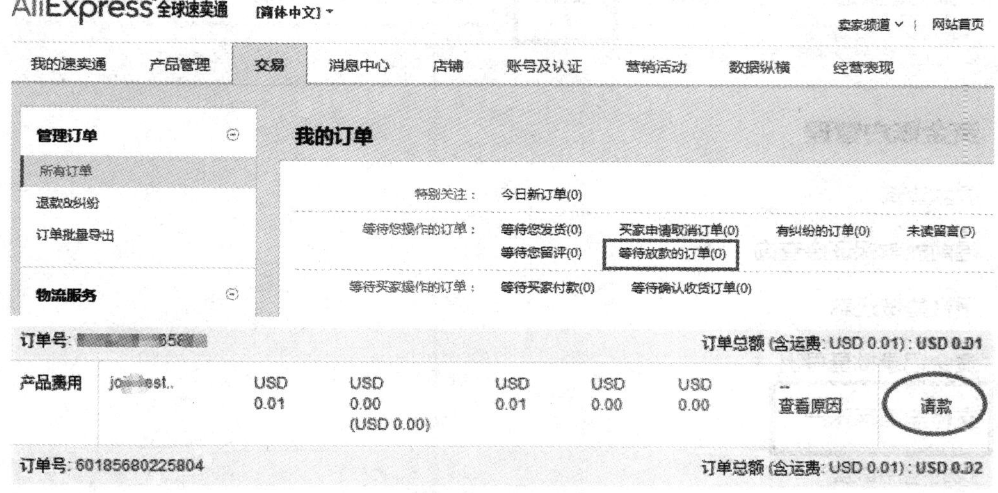

图 9.1　请款

填写申请放款理由，上传相关证明文件，如图 9.2 所示。

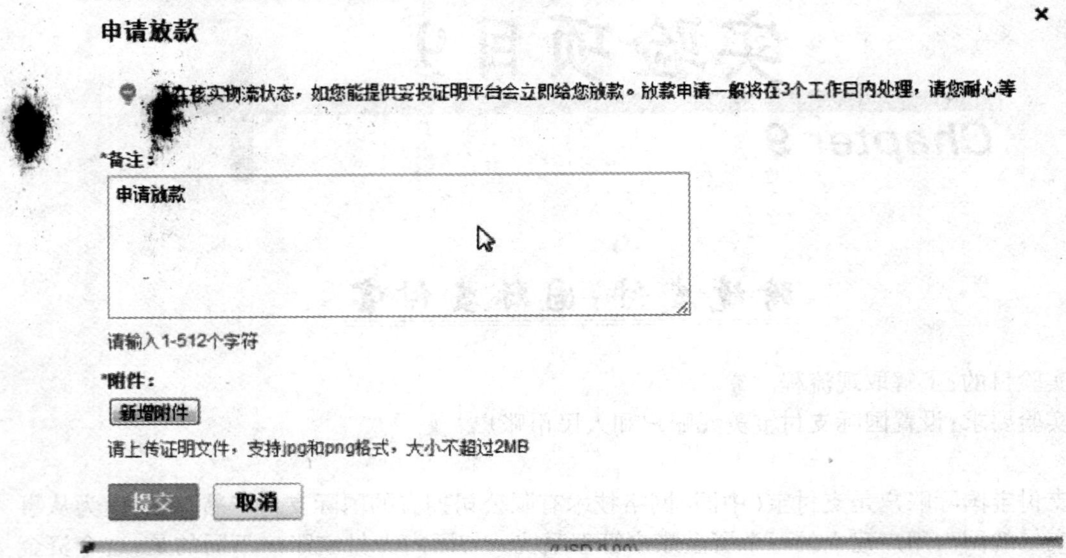

申请放款

正在核实物流状态，如您能提供妥投证明平台会立即给您放款。放款申请一般将在3个工作日内处理，请您耐心等

*备注：

申请放款

请输入1-512个字符

*附件：

新增附件

请上传证明文件，支持jpg和png格式，大小不超过2MB

提交　取消

图 9.2　填写申请放款理由并上传相关证明文件

第二步：在“交易”界面，点击左侧侧边栏“支付宝国际账户”，如图 9.3 所示。

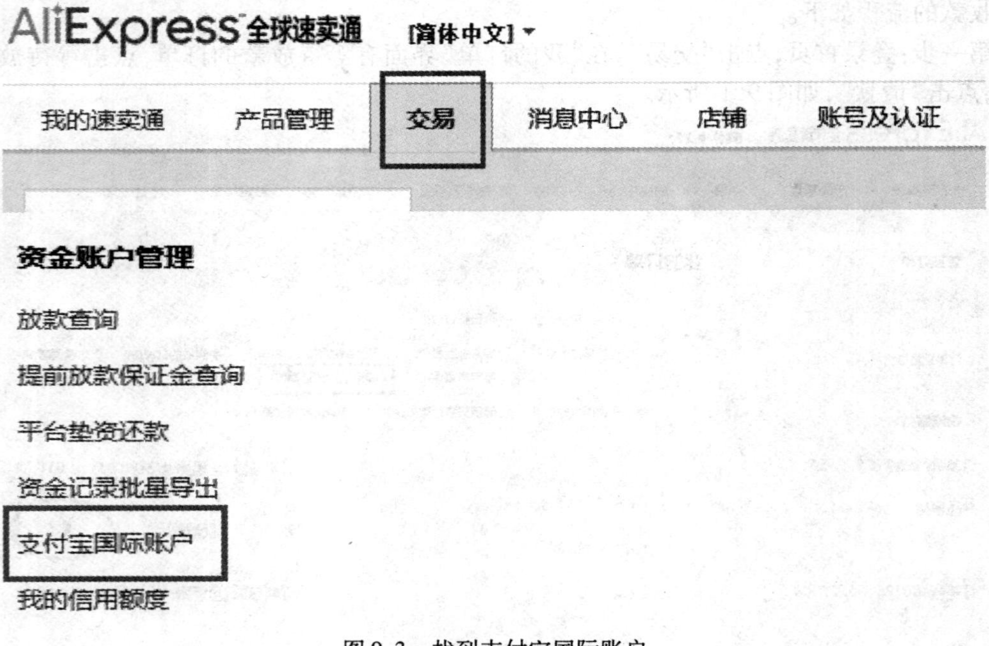

资金账户管理

放款查询

提前放款保证金查询

平台垫资还款

资金记录批量导出

支付宝国际账户

我的信用额度

图 9.3　找到支付宝国际账户

进入帐户首页,如图9.4所示,显示当前美元帐户和人民币账户余额,体现账户情况和交易记录情况。

图9.4　进入账户首页

第三步:点击“交易记录”,可以查询到近期账户交易的各项明细,如图9.5所示,仅能查找最近6个月的记录。

图9.5　查询账户交易的各项明细

第四步:先进行美元账户提现,再进行人民币账户提现,提现前先要进行美元和人民币账户设置,如图9.6所示。

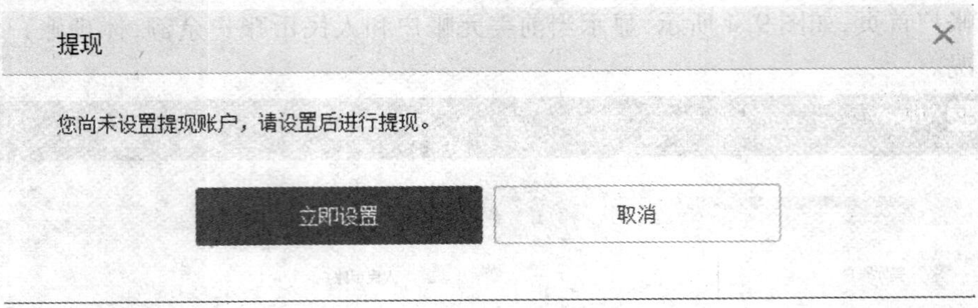

提现

您尚未设置提现账户，请设置后进行提现。

立即设置　取消

图 9.6　提现

点击“立即设置”，出现如图 9.7 所示添加银行账户界面。

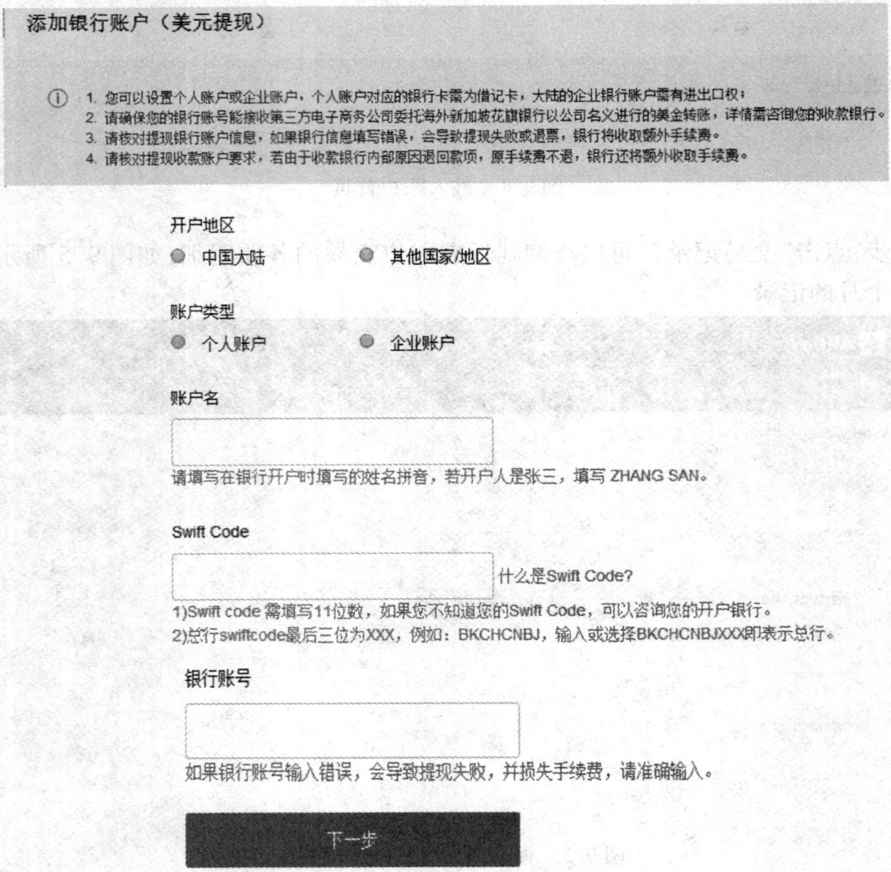

添加银行账户（美元提现）

1. 您可以设置个人账户或企业账户，个人账户对应的银行卡需为借记卡，大陆的企业银行账户需有进出口权；
2. 请确保您的银行账号能接收第三方电子商务公司委托海外新加坡花旗银行以公司名义进行的美金转账，详情需咨询您的收款银行。
3. 请核对提现银行账户信息，如果银行信息填写错误，会导致提现失败或退票，银行将收取额外手续费。
4. 请核对提现收款账户要求，若由于收款银行内部原因退回款项，原手续费不退，银行还将额外收取手续费。

开户地区

中国大陆　其他国家/地区

账户类型

个人账户　企业账户

账户名

请填写在银行开户时填写的姓名拼音，若开户人是张三，填写 ZHANG SAN。

Swift Code

什么是Swift Code?

1)Swift code 需填写11位数，如果您不知道您的Swift Code，可以咨询您的开户银行。
2)总行swiftcode最后三位为XXX，例如：BKCHCNBJ，输入或选择BKCHCNBJXXX即表示总行。

银行账号

如果银行账号输入错误，会导致提现失败，并损失手续费，请准确输入。

下一步

图 9.7　添加银行账户

输入相应信息,点击“下一步”,美元账户设置成功,如图 9.8 所示,继续添加国内支付宝账户。

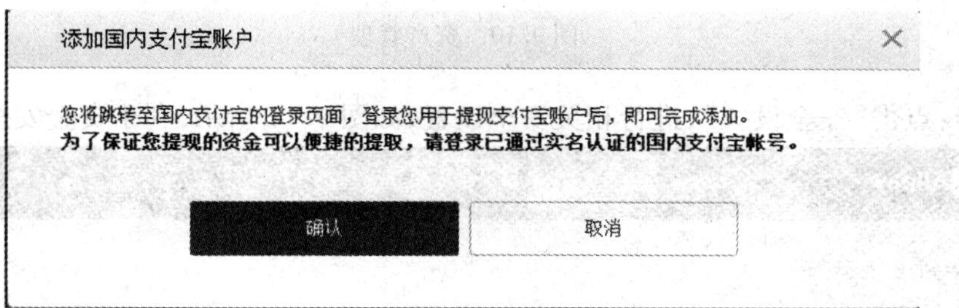

图 9.8　添加国内支付宝账户

跳转到支付宝登录界面,完成账户设置。

第五步:账户设置完成后,可进行提现,无论提取的金额为多少,提现的手续费均为 15 美元,如图 9.9 所示。

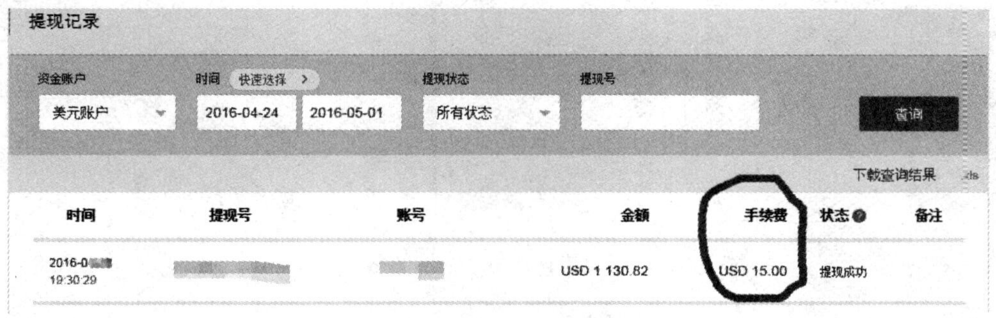

图 9.9　提现的手续费

第六步:点击“资产管理”(图 9.10),添加银行账户或相应的其他账户,方便资金运转。

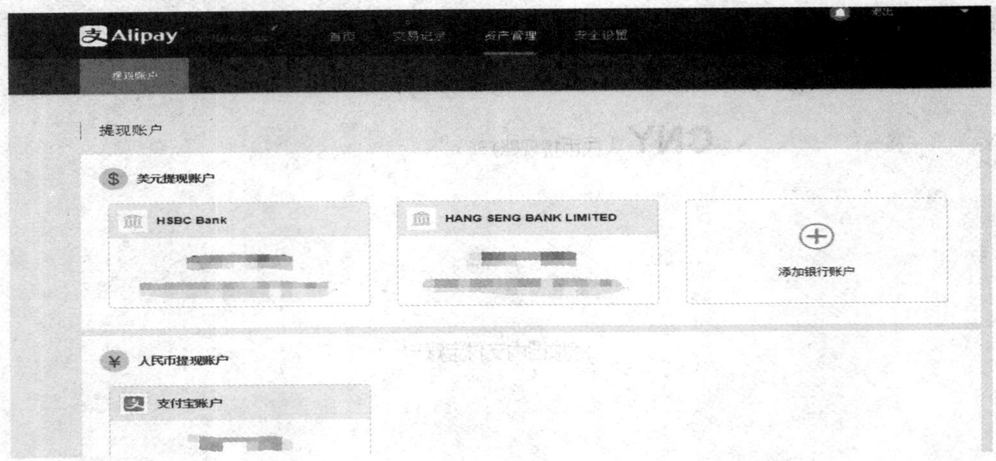

图 9.10　资产管理

第七步:点击“安全设置”,进行相关安全设置,如图 9.11 所示,利于资金安全。

图 9.11　安全设置

参考文献

[1] 速卖通大学.跨境电商阿里巴巴速卖通宝典[M].北京:电子工业出版社,2015.

[2] 红鱼. 118问玩转“速卖通”[M]. 北京:中国海关出版社,2016.

[3] 中国国际贸易学会商务专业培训考试办公室.跨境电商操作实务[M].北京:中国商务出版社,2015.

[4] 中国国际贸易学会商务专业培训考试办公室.跨境电商英语教程[M].北京:中国商务出版社,2016.

[5] 周安宁.跨境电子商务网络营销[M].北京:中国商务出版社,2015.

[6] 陈明,许辉.跨境电商操作实务[M]. 北京:中国商务出版社,2015.